O UNIVERSO, OS DEUSES, OS HOMENS

Mitos gregos contados por
JEAN-PIERRE VERNANT

O universo, os deuses, os homens

Tradução
Rosa Freire d'Aguiar

20ª reimpressão

Copyright © 1999 Éditions du Seuil

Coleção La Librairie du XXᵉ Siècle
Dirigida por Maurice Olender

Grafia atualizada segundo o Acordo Ortográfico da Língua Portuguesa de 1990, que entrou em vigor no Brasil em 2009.

Título original
L'univers, les dieux, les hommes

Capa
João Baptista da Costa Aguiar
sobre oferenda, mármore, c. 650 a.C., cabeça de Posêidon (ou Zeus), bronze, c. 460-50 a.C., friso de um templo de Apolo, mármore, c. 420-10 a.C.

Revisão dos termos gregos
Filomena Yoshie Hirata

Preparação
Rosemary Lima

Revisão
Maysa Monção
Ana Maria Alvares
Carlos Alberto Inada

Dados Internacionais de Catalogação na Publicação (CIP)
(Câmara Brasileira do Livro, SP, Brasil)

Vernant, Jean-Pierre
    O universo, os deuses, os homens / Jean-Pierre Vernant ; tradução Rosa Freire d'Aguiar. — 1ª ed. — São Paulo : Companhia das Letras, 2000.

    Título original: L'univers, les dieux, les hommes.
    ISBN 978-85-7164-986-6

    1. Civilização clássica 2. Mito 3. Mitologia grega I. Título.

00-1013   CDD-292.13

Índices para catálogo sistemático:
1. Mitologia grega : Religião clássica   292.13
2. Mitos gregos : Religião clássica   292.13

Todos os direitos desta edição reservados à
EDITORA SCHWARCZ S.A.
Rua Bandeira Paulista, 702, cj. 32
04532-002 — São Paulo — SP
Telefone (11) 3707-3500
www.companhiadasletras.com.br
www.blogdacompanhia.com.br
facebook.com/companhiadasletras
instagram.com/companhiadasletras
twitter.com/cialetras

Sumário

Introdução 9

A origem do universo 17
    Nas profundezas da Terra: o Abismo 18
    A castração de Urano 20
    A terra, o espaço, o céu 23
    Discórdia e Amor 26

Guerra dos deuses, reinado de Zeus 28
    No ventre paterno 30
    Um alimento de imortalidade 32
    A soberania de Zeus 36
    As astúcias do poder 39
    Mãe universal e Caos 41
    Tífon ou a crise do poder supremo 44
    Vitória contra os Gigantes 47
    Os frutos efêmeros 49

No tribunal do Olimpo 50
Um mal sem remédio 54
A idade de ouro: homens e deuses 56

O mundo dos humanos 59
Prometeu, o ardiloso 59
Uma partida de xadrez 61
Um fogo mortal 65
Pandora ou a invenção da mulher 68
O tempo que passa 74

A guerra de Troia 78
O casamento de Peleu 81
Três deusas diante de uma maçã de ouro 85
Helena, culpada ou inocente? 89
Morrer jovem, sobreviver na glória 93

Ulisses ou a aventura humana 98
Na terra do esquecimento 100
O Ninguém Ulisses diante do Ciclope 102
Idílio com Circe 106
Os sem-nome, os sem-rosto 112
A ilha de Calipso 118
Um paraíso em miniatura 119
Impossível esquecimento 122
Nu e invisível 125
Um mendigo ambíguo 129
Uma cicatriz assinada Ulisses 133
Retesar o arco soberano 136
Um segredo compartilhado 140
O presente reencontrado 142

Dioniso em Tebas 144
    Europa vagabunda 145
    Estrangeiro e autóctones 148
    A coxa uterina 150
    Sacerdote itinerante e mulheres selvagens 152
    "Eu o vi me vendo" 156
    Recusa do outro, identidade perdida 160

Édipo, o inoportuno 162
    Gerações mancas 164
    "Um suposto filho" 166
    Audácia sinistra 168
    "Teus pais não eram teus pais" 173
    O homem: três em um 175
    Os filhos de Édipo 177
    Um meteco oficial 179

Perseu, a morte, a imagem 181
    Nascimento de Perseu 181
    A corrida às Górgonas 183
    A beleza de Andrômeda 189

Glossário 193

Introdução

Era uma vez... Esse era o título que inicialmente pensei em dar a este livro. Afinal, preferi substituí-lo por outro mais explícito. Mas, no início desta obra, não posso deixar de mencionar a recordação que o primeiro título evocava e que está na origem dos textos que se seguem.

Há um quarto de século, quando meu neto era criança e passava férias com minha mulher e comigo, estabeleceu-se entre nós uma regra tão imperiosa quanto o banho e as refeições: toda noite, quando chegava a hora de Julien ir para a cama, eu o ouvia me chamar de seu quarto, quase sempre com impaciência: "Jipé, a história, a história!". Eu ia me sentar perto dele e lhe contava uma lenda grega. Encontrava-a facilmente no repertório de mitos que eu passava meu tempo a analisar, destrinchar, comparar, interpretar, a fim de tentar compreendê-los. Mas os transmitia de outra forma, de chofre, como me vinham à cabeça, à maneira de um conto de fadas, sem outra preocupação além de seguir o curso de minha narrativa do início ao fim, o fio do relato em sua tensão dramática: era uma vez... Julien parecia feliz. Eu também. Alegrava-me passar-lhe diretamente um pouco desse universo grego ao qual sou afeiçoado e cuja sobrevivência em cada um de nós me parece, no mundo de hoje, mais que nunca necessária. Também me alegrava que essa herança chegasse até ele oralmente, na forma do que Platão chama de fábulas de ama de leite, como aquilo que se passa de uma geração a outra, fora de qualquer ensino oficial, sem transitar pelos livros, para formar uma bagagem de comportamentos e saberes "fora do texto": regras de boa conduta para falar e agir, bons costumes, técnicas corporais, estilos de marcha, corrida, nado, bicicleta, escalada...

Sem dúvida, era muita ingenuidade acreditar que, emprestando toda noite minha voz para contar lendas antigas a uma criança, eu contribuía para manter viva essa tradição. Mas, convém lembrar, era uma época — falo dos anos 1970 — em que o mito ia de vento em popa. Depois de Dumézil e Lévi-Strauss, a febre dos estudos mitológicos ganhara um exército de helenistas que haviam se lançado junto comigo na exploração do mundo lendário da Grécia antiga. À medida que avançávamos e que nossas análises progrediam, a existência de um pensamento mítico em geral tornava-se mais problemática e éramos levados a nos interrogar: o que é um mito? Ou, mais exatamente, tendo em conta nosso campo de pesquisa: o que é um mito grego? Um relato, é claro. Ainda assim, é preciso saber como esses relatos se constituíram, se estabeleceram, se transmitiram e se conservaram. Ora, no caso grego eles só chegaram até nós no fim do percurso, sob a forma de textos escritos. Os mais antigos desses textos pertencem a obras literárias de todos os tipos — epopeia, poesia, tragédia, história, e mesmo filosofia —, nas quais, excetuando-se a *Ilíada*, a *Odisseia* e a *Teogonia* de Hesíodo, quase sempre figuram dispersos, de modo fragmentário, por vezes alusivo. Foi numa época tardia — só no início de nossa era — que os eruditos reuniram essas tradições múltiplas, mais ou menos divergentes, para apresentá-las unificadas num mesmo corpo, e guardadas, umas após as outras, como nas prateleiras de uma Biblioteca, para retomar o título que, justamente, Apolodoro deu a seu repertório, transformado num dos grandes clássicos no gênero. Assim se construiu o que se convencionou chamar de mitologia grega.

Mito e *mitologia* são palavras gregas ligadas à história e a certos traços dessa civilização. Deve-se, pois, concluir que fora dessa civilização os mitos não são pertinentes, e que o mito e a mitologia só existem na forma e no sentido gregos? O contrário é que é verdade. As lendas helênicas, para serem compreendidas, exigem a comparação com os relatos tradicionais de outros povos, pertencentes a culturas e épocas muito diferentes, quer se trate da China, da Índia, do Oriente Médio antigos, da América pré-colombiana ou da África. Se a comparação se impôs, foi porque essas tradições narrativas, por mais diferentes que fossem, apresentavam entre si e em relação ao caso grego suficientes pontos em comum para que umas e outras fossem aparentadas. Claude Lévi-Strauss poderá afirmar, como que constatando o óbvio, que um mito, de onde quer que venha, é reconhecido de imediato pelo que ele é, sem que se corra o risco de confundi-lo com outras formas de relato. Na verdade, é bem nítida a distância com o relato histórico que, na Grécia, de certa forma se formou *contra* o mito, na medida em que quis ser a relação exata de acontecimentos bastante próximos no tempo para que testemunhas fiáveis fossem capazes de atestá-los. Quanto ao relato literário, trata-se de pura ficção que se apresenta abertamente como tal, e cuja qualidade resulta antes de mais nada do talento e da competência de quem o criou. Esses dois tipos de relato são normalmente atribuídos a um autor, que assume a responsabilidade do texto e o comunica com o seu nome, por escrito, a um público de leitores.

O estatuto do mito é totalmente outro. Ele se apresenta como um relato vindo do fim dos tempos e que já existiria antes que um contador qualquer iniciasse sua narração. Nesse sentido, o relato mítico não resulta da invenção individual nem da fantasia criadora, mas da transmissão e da memória. Esse laço íntimo e funcional com a memorização aproxima o mito da poesia, que, originariamente, em suas manifestações mais antigas, pode se confundir com o processo de elaboração mítica. A esse respeito, o caso da epopeia homérica é exemplar. Para tecer seus relatos sobre as aventuras de heróis lendários, a epopeia opera primeiro como poesia oral, composta e cantada diante dos ouvintes por gerações sucessivas de aedos inspirados pela deusa Memória (*Mnemosýne*). Só mais tarde é que será objeto de uma redação, cujo objetivo é estabelecer e fixar o texto oficial.

Ainda hoje, um poema só existe se for dito; é preciso conhecê-lo de cor e, para dar-lhe vida, recitá-lo para si mesmo com as palavras silenciosas da recitação interior. O mito também só vive se for contado, de geração em geração, na vida cotidiana. Do contrário, sendo relegado ao fundo das bibliotecas, imobilizado na forma de textos, acaba se tornando uma referência erudita para uma elite de leitores especializados em mitologia.

Memória, oralidade, tradição: são essas as condições de existência e sobrevivência do mito. Elas lhe impõem certos traços característicos, que aparecem mais claramente se se prossegue a comparação entre atividade poética e atividade mítica. O papel que, respectivamente, a palavra desempenha em cada uma dessas atividades evidencia uma diferença essencial entre ambas. Desde que no Ocidente, com os trovadores, a poesia se tornou autônoma, e que se separou não só dos grandes relatos míticos mas também da música que a acompanhara até o século xiv, ela formou um campo específico de expressão da linguagem. A partir de então, cada poema constitui uma construção singular, muito complexa, obviamente polissêmica, mas tão estritamente organizada, tão ligada entre suas diferentes partes e em todos os seus níveis, que deve ser memorizada e recitada desse modo, sem nenhuma omissão ou mudança. O poema permanece idêntico em todas as declamações que, no espaço e no tempo, o atualizam. A palavra que dá vida ao texto poético, para um público de ouvintes ou, privadamente, para a própria pessoa, é uma figura única e imutável. Um termo modificado, um verso saltado, um ritmo defasado, e todo o edifício do poema vem abaixo.

O relato mítico, por sua vez, não é apenas, como o texto poético, polissêmico em si mesmo, por seus planos múltiplos de significação. Não está fixado numa forma definitiva. Sempre comporta variantes, versões múltiplas que o narrador tem à sua disposição, e que escolhe em função das circunstâncias, de seu público ou de suas preferências, podendo cortar, acrescentar e modificar o que lhe parecer conveniente. Enquanto uma tradição oral de lendas estiver viva, enquanto permanecer em contato com os modos de pensar e os costumes de um grupo, ela se modificará: o relato ficará parcialmente aberto à inovação. Quando o mitólogo especialista em Antiguidade encontra uma lenda já fossilizada em textos literários ou eruditos, como afirmei para o caso grego, se quiser decifrá-la corretamente terá de alargar sua pesquisa, passo a passo. Primeiro, de uma de suas versões a todas as outras, por menores que sejam, sobre o mesmo tema; depois, a outros relatos míticos próximos ou distantes, e até mesmo a outros textos que pertençam a setores distintos da mesma cultura — literários, científicos, políticos, filosóficos; finalmente, a narrações mais ou menos similares de civilizações distantes. Na verdade, o que interessa ao historiador e ao antropólogo é o pano de fundo intelectual evidenciado pelo fio da narração, o quadro em que está tecido, o que só pode ser detectado pela comparação dos relatos, pelo jogo entre suas diferenças e semelhanças. De fato, aplicam-se às diversas mitologias as observações que Jacques Roubaud formula de modo muito feliz sobre os poemas homéricos e seu elemento lendário: "Eles não são apenas relatos. Contêm o tesouro de pensamentos, formas linguísticas, imaginações cosmológicas, preceitos morais etc. que constituem a herança comum dos gregos na época pré-clássica".*

Em seu trabalho de escavação para trazer à tona esses "tesouros" subjacentes, essa herança comum dos gregos, o pesquisador tem às vezes um sentimento de frustração, como se, durante a pesquisa, tivesse perdido de vista o "prazer extremo" com que La Fontaine se deliciava antecipadamente "se *Pele de Asno* lhe fosse contada". Em meu caso, eu teria enterrado, sem maiores arrependimentos, esse prazer do relato que evoquei nas primeiras linhas desta introdução se, a um quarto de século de distância, na mesma linda ilha onde dividi com Julien as férias e as narrações, amigos não me tivessem um dia pedido para lhes contar os mitos gregos. Contei. Então, incitaram-me — com bastante insistência, a ponto de me convencer — a deixar por escrito o que lhes havia narrado. Não foi fácil. Da palavra ao texto a passagem é muito complicada. Não só porque a escrita ignora o que dá substância e vida ao relato oral: a voz, o tom, o ritmo, o gesto. Mas também porque, por trás dessas formas de expressão, há dois estilos diferentes de pensamento. Quando se reproduz em papel uma intervenção oral, tal qual foi dita, o texto não se sustenta. Inversamente, quando primeiro se redige o texto, sua leitura em voz alta não engana ninguém: ele não foi feito para ser ouvido pela plateia; é exterior à oralidade. A essa primeira dificuldade — escrever como se fala — acrescentam-se várias outras. Primeiro, é preciso escolher uma versão, ou seja, deixar de lado as variantes, apagá-las, reduzi-las ao silêncio. E, no pró-

---

* Jacques Roubaud, *Poésie, mémoire, lecture*, Paris-Tubingen, Eggingen, Edições Isele, coleção Les Conférences du Divan, 1998, p. 10.

prio modo de contar a versão escolhida, o narrador intervém pessoalmente e se faz intérprete justamente porque não existe um modelo definitivo do roteiro mítico que ele expõe. Além disso, como o pesquisador poderia esquecer, quando se torna contador, que é também um erudito em busca da base intelectual dos mitos e que, em seu relato, injetará os significados cujo peso ele avaliou em estudos anteriores?

Eu não desconhecia esses obstáculos nem esses perigos. No entanto, dei o passo. Tentei contar como se a tradição desses mitos ainda pudesse se perpetuar. Essa voz que outrora, por séculos a fio, se dirigia diretamente aos ouvintes gregos, e que se calou: eu gostaria que ela fosse novamente ouvida pelos leitores de hoje, e que, em certas páginas deste livro, se tive êxito, ela continue a ressoar como um eco.

A origem do universo

O que havia quando ainda não havia coisa alguma, quando não havia nada? A essa pergunta os gregos responderam com histórias e mitos.

No início de tudo, o que primeiro existiu foi Abismo: os gregos dizem *Kháos*. O que é o Caos? É um vazio, um vazio escuro onde não se distingue nada. Espaço de queda, vertigem e confusão, sem fim, sem fundo. Somos apanhados por esse Abismo como por uma boca imensa e aberta que tudo tragasse numa mesma noite indistinta. Portanto, na origem há apenas esse Caos, abismo cego, noturno, ilimitado.

Depois apareceu Terra. Os gregos dizem *Gaîa*, Gaia. Foi no próprio seio do Caos que surgiu a Terra. Portanto, nasceu depois de Caos e representa, em certos aspectos, seu contrário. A Terra não é mais esse espaço de queda escuro, ilimitado, indefinido. A Terra possui uma forma distinta, separada, precisa. À confusão e à tenebrosa indistinção de Caos opõem-se a nitidez, a firmeza e a estabilidade de Gaia. Na Terra tudo é desenhado, tudo é visível e sólido. É possível definir Gaia como o lugar onde os deuses, os homens e os bichos podem andar com segurança. Ela é o chão do mundo.

NAS PROFUNDEZAS DA TERRA: O ABISMO

Nascido do vasto Abismo, o mundo agora tem um chão. De um lado, esse chão se eleva bem alto, na forma de montanhas; de outro, desce bem baixo, na forma de subterrâneo. Essa subterra se prolonga infinitamente, e assim, de certa forma, o que existe na base de Gaia, sob o solo firme e sólido, é sempre o Abismo, o Caos. A Terra, que surgiu do Abismo, liga-se a ele em suas profundezas. Esse Caos evoca para os gregos uma espécie de névoa opaca onde todas as fronteiras perdem nitidez. No mais profundo da Terra encontra-se esse aspecto caótico original.

Embora a Terra seja bem visível, tenha uma forma recortada, e tudo o que dela nascer também terá limites e fronteiras distintas, nem por isso ela deixa de ser, em suas profundezas, semelhante ao Abismo. Ela é a Terra negra. Os adjetivos que a definem nos relatos são similares aos que se referem ao Abismo. A Terra negra se estende entre o baixo e o alto; entre, de um lado, a escuridão e o enraizamento no Abismo, representado em suas profundezas, e, de outro, as montanhas encimadas de neve que ela projeta para o céu, montanhas luminosas cujos picos mais altos atingem a zona celeste continuamente inundada de luz.

A Terra constitui a base dessa morada que é o cosmo, mas não tem só essa função. Ela engendra e alimenta todas as coisas, salvo certas entidades das quais falaremos mais adiante e que saíram do Caos. Gaia é a mãe universal. Florestas, montanhas, grutas subterrâneas, ondas do mar, vasto céu, é sempre de Gaia, a Mãe-Terra, que eles nascem. Portanto, primeiro houve o Caos, imensa boca em forma de abismo escuro, sem limites, mas que num segundo tempo abriu-se para um chão sólido: a Terra. Esta se lança para o alto, desce às profundezas.

Depois de Caos e Terra aparece, em terceiro lugar, o que os gregos chamam *Éros*, e que mais tarde chamarão "o velho Amor", representado nas imagens com cabelos brancos: é o Amor primordial. Por que esse Eros primordial? Porque, nesses tempos longínquos, ainda não há masculino e feminino, não há seres sexuados. O Eros primordial não é aquele que surgirá mais tarde, com a existência dos homens e das mulheres, dos machos e das fêmeas. Nesse momento, o problema será acasalar os sexos contrários, o que implica necessariamente o desejo de cada um e uma forma de consentimento.

Kháos é uma palavra neutra, e não masculina. *Gaîa*, a Mãe-Terra, é evidentemente feminina. Mas quem ela pode amar fora de si mesma, já que está sozinha, ao lado de Caos? O *Éros* que aparece em terceiro lugar, depois de Caos e Gaia, não é aquele que preside aos amores sexuados. O primeiro Eros expressa um impulso no universo. Da mesma forma que Terra surgiu de Caos, de Terra vai brotar o que ela contém em suas profundezas. Terra vai parir sem precisar se unir a ninguém. Ela dá à luz o que nela existia de forma obscura.

Primeiro, Terra engendra um personagem muito importante, *Ouranós*, Céu, e até mesmo Céu estrelado. Depois, traz ao mundo *Póntos*, isto é, a água, todas as águas, e mais exatamente a Onda do Mar, palavra que em grego é masculina. Terra os concebe sem se unir a ninguém. Pela força íntima que tem, Terra desenvolve o que já estava dentro de si e que, ao sair dela, torna-se seu duplo e seu contrário. Por quê? Porque produz um Céu estrelado igual a si mesma, como uma réplica tão sólida, tão firme quanto ela, e do mesmo tamanho. Então, Urano se deita sobre ela. Terra e Céu constituem dois planos superpostos do universo, um chão e uma abóbada, um embaixo e um em cima, que se cobrem completamente.

Quando Terra dá à luz Ponto, Onda do Mar, este a completa e se insinua dentro dela, limitando-a na forma de vastas superfícies líquidas. Assim como Urano, Onda do Mar representa o contrário de Terra. Se a Terra é sólida, compacta, e se as coisas não podem se misturar com ela, Onda do Mar é, ao contrário, pura liquidez, fluidez disforme e inapreensível: suas águas se misturam, indistintas e confusas. Na superfície, Ponto é luminoso, mas em suas profundezas é de uma escuridão total, o que o vincula, tal como a Terra, a uma parte caótica.

Assim, o mundo se constrói a partir de três entidades primordiais: *Kháos*, *Gaîa* e *Éros*, e, em seguida, de duas entidades paridas por Terra: *Ouranós* e *Póntos*. Elas são ao mesmo tempo forças naturais e divindades. Gaia é a terra onde andamos, e ao mesmo tempo é uma deusa. Ponto representa as ondas do mar e também constitui uma força divina, à qual pode se prestar um culto. A partir daí, surgem relatos de outro tipo, histórias violentas e dramáticas.

A CASTRAÇÃO DE URANO

Comecemos pelo Céu, isto é, Urano, gerado por Gaia e do mesmo tamanho que ela. Ele está deitado, estendido sobre quem o gerou. O Céu cobre completamente a Terra. Cada porção de terra é duplicada por um pedaço de céu que lhe corresponde perfeitamente. Quando Gaia, divindade poderosa, Mãe-Terra, produz Urano, que é seu correspondente exato, sua duplicação, seu duplo simétrico, nos encontramos em presença de um casal de contrários, de um macho e uma fêmea. Urano é *o* Céu, assim como Gaia é *a* Terra. Na presença de Urano, Amor age de outro modo. Nem Gaia nem

Urano produzem sozinhos o que cada um tem dentro de si, mas da conjunção dessas duas forças nascem seres diferentes de uma e outra.

Urano está o tempo todo deitando-se sobre Gaia. Urano primordial não tem outra atividade além da sexual. Cobrir Gaia incessantemente, o mais possível: ele só pensa nisso, e só faz isso. Então, essa pobre Terra acaba grávida de uma série de filhos que não conseguem sair de seu ventre e aí continuam alojados, aí mesmo onde Urano os concebeu. Como Céu nunca se distancia de Terra, não há espaço entre eles que permita aos seus filhos Titãs virem à luz e terem uma existência autônoma. Estes não podem tomar a forma que é a deles, não podem se transformar em seres individualizados, pois não conseguem sair do ventre de Gaia, ali onde o próprio Urano esteve antes de nascer.

Quem são os filhos de Gaia e Urano? Primeiro, há os seis Titãs e suas seis irmãs, as Titânidas. O primeiro Titã chama-se *Okeanós*. É esse cinturão líquido que rodeia o universo e corre em círculo, de tal modo que o fim de Oceano é também seu começo; o rio cósmico corre em circuito fechado sobre si mesmo. O mais jovem Titã tem o nome de *Krónos*, é o chamado "Crono dos pensamentos marotos". Além dos Titãs e das Titânidas, nascem dois trios de seres absolutamente monstruosos. O primeiro é o dos Ciclopes — Brontes, Estéropes e Argeus —, personagens muito poderosos que têm um só olho e cujos nomes são reveladores do tipo de metalurgia a que se dedicam: o ronco do trovão, o fulgor do relâmpago. Na verdade, eles é que vão fabricar o raio que será doado a Zeus. O segundo trio é formado pelos *Hekatonkhîres*, ou Cem-Braços — Coto, Briareu e Gies. São seres monstruosos de tamanho gigantesco, que têm cinquenta cabeças e cem braços, sendo cada braço dotado de uma força terrível.

Ao lado dos Titãs, esses primeiros deuses individualizados — ao contrário de Gaia, Urano ou Ponto, eles não são apenas um nome dado a forças naturais —, os Ciclopes representam a fulgurância da visão. Possuem um só olho no meio da testa, mas esse olho é fulminante, assim como a arma que vão oferecer a Zeus. Força mágica do olho. Por sua vez, os Cem-Braços representam, com sua força brutal, a capacidade de vencer, de triunfar pela força física do braço. Para uns, força de um olho fulminante; para outros, força da mão que é capaz de juntar, apertar, quebrar, vencer, dominar todas as criaturas no mundo. No entanto, Titãs, Cem-Braços e Ciclopes estão no ventre de Gaia; Urano está deitado sobre ela.

Ainda não há propriamente luz, pois Urano, ao se deitar sobre Gaia, mantém uma noite contínua. Então, Terra explode de raiva. Está furiosa por reter em seu seio esses filhos que, sem poderem sair, deixam-na inchada, comprimem-na, sufocam-na. Dirige-se a eles, em especial aos Titãs, dizendo-lhes: "Escutai, vosso pai nos faz injúria, nos submete a violências horríveis, isso tem de acabar. Deveis revoltar-vos contra vosso pai Céu". Ao ouvir essas palavras vigorosas, os Titãs, no ventre de Gaia, ficam aterrorizados. Urano, que continua instalado sobre a mãe deles, tão grande quanto ela, não lhes parece fácil de ser vencido. Só o caçula, Crono, aceita ajudar Gaia e enfrentar o pai.

Terra concebe um plano particularmente engenhoso. Para executá-lo, fabrica dentro de si mesma um instrumento, um tipo de foice, a *hárpe*, em metal branco. Depois, coloca essa foice na mão do jovem Crono. Ele está no ventre da mãe, ali onde Urano se uniu a Terra, e fica à espreita, em emboscada. Quando Urano se deita sobre Gaia, ele agarra com a mão esquerda as partes sexuais do pai, segura-as firmemente e, com o facão que brande na mão direita, corta-as. Depois, sem se virar, para evitar a desgraça que seu gesto teria provocado, joga por cima do ombro o membro viril de Urano.

Desse membro viril, cortado e jogado para trás, caem sobre a terra gotas de sangue, ao passo que o próprio sexo é atirado mais longe, nas ondas do mar. No momento em que é castrado, Urano dá um berro de dor e se afasta depressa de Gaia. Vai então se instalar bem no alto do mundo, de onde não mais sairá. Como Urano tinha o mesmo tamanho de Gaia, não há um só lote de terra que não encontre lá em cima um pedaço equivalente de céu.

A TERRA, O ESPAÇO, O CÉU

Ao castrar Urano, a conselho e graças à astúcia de sua mãe, Crono cumpre uma etapa fundamental no nascimento do cosmo. Separa o céu e a terra. Cria entre o céu e a terra um espaço livre: tudo o que a terra produzir, tudo o que os seres vivos engendrarem, terá espaço para respirar, para viver. Assim, o espaço se desbloqueia, mas o tempo também se transforma. Enquanto Urano pesava sobre Gaia, não havia gerações sucessivas, pois elas ficavam ocultas dentro da criatura que as produzira. Quando Urano se retira, os Titãs podem sair do colo materno e, por sua vez, darem à luz. Inicia-se então uma sucessão de gerações. O espaço se libera e o "céu estrelado" tem agora o papel de um teto, de uma espécie de grande abóbada escura, estendida acima da terra. De vez em quando, esse céu preto vai se iluminar, pois agora o dia e a noite se alternam. Ora surge um céu preto tendo apenas a luz das estrelas, ora, ao contrário, é um céu luminoso que aparece, tendo apenas a sombra das nuvens.

Deixemos por um instante a descendência de Terra e encontremos a de Caos. O Abismo produz dois filhos, um se chama *Érebos*, Érebo, o outro, *Nýx*, Noite. Como prolongamento direto de Caos, Érebo é o negro absoluto, a força do negro em estado puro, sem se misturar a nada. O caso de Noite é diferente. Assim como

Gaia, ela também gera filhos sem se unir a ninguém, como se os fizesse em seu próprio tecido noturno: trata-se de *Aithér*, Éter, Luz Etérea, e de *Hemére*, Dia, Luz do Dia.

Érebo, filho do Caos, representa o negro próprio dessa criatura. Inversamente, Noite invoca o dia. Não há noite sem dia. Quando Noite produz Éter e Dia, o que faz ela? Assim como Érebo era o escuro em estado puro, Éter é a luminosidade em estado puro. Éter é a contrapartida de Érebo. O Éter brilhante é a parte do céu onde nunca há escuridão, ou seja, a que pertence aos deuses do Olimpo. O Éter é uma luz extraordinariamente viva que nunca é alterada por sombra alguma. Ao contrário, Noite e Dia se apoiam mutuamente, opondo-se. Desde que o espaço se abriu, Noite e Dia se sucedem regularmente. À entrada do Tártaro encontram-se as portas da Noite que se abrem para a sua morada. É ali que Noite e Dia se apresentam sucessivamente, se comunicam, se cruzam, sem jamais se juntarem nem se tocarem. Quando há noite não há dia, quando há dia não há noite, mas não há noite sem dia.

Assim como Érebo representa uma escuridão total e definitiva, Éter encarna a luminosidade absoluta. Todos os seres que vivem na terra são criaturas do dia e da noite; com exceção da morte, eles ignoram essa escuridão total que nenhum raio de sol jamais alcança e que é a noite do Érebo. Os homens, os bichos, as plantas vivem noite e dia nessa conjunção de opostos, ao passo que os deuses, bem no alto do céu, não conhecem a alternância do dia e da noite. Vivem numa luz profunda e permanente. No alto, temos os deuses celestes no Éter brilhante, embaixo, os deuses subterrâneos ou os que foram derrotados e enviados ao Tártaro, e que vivem numa noite constante; e depois, os mortais, neste mundo, que já é um mundo de mistura.

Voltemos a Urano. O que acontece quando ele se fixa no alto do mundo? Não se une mais a Gaia, a não ser durante as grandes chuvas fecundantes, quando o céu se solta e a terra dá à luz. Essa chuva benfazeja permite que nasçam na terra novas criaturas, novas plantas, cereais. Mas, fora esse período, está cortado o vínculo entre o céu e a terra.

Quando Urano se afastou de Gaia, lançou uma terrível imprecação contra seus filhos: "Ireis chamar-vos Titãs", disse-lhes, fazendo um trocadilho com o verbo *titaíno*, "porque *estendestes* os braços alto demais, ireis expiar o crime de ter levantado a mão para vosso pai". As gotas de sangue de seu membro viril mutilado que caíram no chão deram origem, algum tempo depois, às Erínias. São elas as forças primordiais cuja função essencial é guardar a recordação da afronta feita por um parente a outro, e de fazê-lo pagar, seja qual for o tempo necessário para isso. São as divindades da vingança pelos crimes cometidos contra os consanguíneos. As Erínias representam o ódio, a recordação, a memória do erro, e a exigência de que o crime seja castigado.

Do sangue da ferida de Urano nascem, junto com as Erínias, os Gigantes e as *Melíai*, ou Ninfas, dessas grandes árvores que são os freixos. Os Gigantes são essencialmente guerreiros, personificam a violência bélica: desconhecendo a infância e a velhice, são eles, a vida inteira, adultos na força da idade, dedicados à luta, com gosto pela batalha mortal. As Ninfas dos Freixos — as Melíadas — também são guerreiras, e também têm vocação para o massacre, pois o bosque de lanças das quais se servem os guerreiros durante o combate é justamente o das árvores onde elas habitam. Assim sendo, das gotas do sangue de Urano nascem três tipos de personagens que encarnam a violência, o castigo, o combate, a guerra, o massacre. Um nome resume aos olhos dos gregos essa violência: é *Éris*, conflitos de todos os tipos e de todas as formas, ou discórdia dentro de uma mesma família, no caso das Erínias.

DISCÓRDIA E AMOR

O que acontece com o membro que Crono joga no mar, isto é, no *Póntos*? Não soçobra nas ondas marinhas, fica boiando, e a espuma do esperma se mistura com a espuma do mar. Dessa combinação espumosa em torno do sexo, que se desloca ao sabor das ondas, forma-se uma fantástica criatura: Afrodite, a deusa nascida do mar e da espuma. Ela navega por certo tempo e depois chega à sua ilha, Chipre. Caminha pela areia e, à medida que vai andando, as flores mais perfumadas e mais belas nascem sob seus pés. No rastro de Afrodite, seguindo seus passos, surgem *Éros* e *Hímeros*, Amor e Desejo. Esse Eros não é o Eros primordial, mas um outro que, doravante, exige que haja o feminino e o masculino. Ocasionalmente se dirá que ele é filho de Afrodite. Assim, Eros muda de função. Não mais representa o papel exercido nos primórdios do cosmo, que era o de trazer à luz o que estava contido na escuridão das forças primordiais. Agora, seu papel é unir dois seres bastante individualizados, de sexos diferentes, num jogo erótico que supõe uma estratégia amorosa e tudo o que isso comporta de sedução, concordância, ciúme. Eros une dois seres distintos para que, a partir deles, nasça um terceiro, que não seja idêntico a um nem a outro de seus genitores, mas que prolongue a ambos. Assim, há agora uma criação que se diferencia da que houve na era primordial. Em outras palavras, ao cortar o sexo de seu pai, Crono instituiu duas forças que, para os gregos, são complementares: uma que se chama *Éris*, a Disputa, e outra que se chama *Éros*, o Amor.

Éris é o combate dentro de uma mesma família ou dentro de uma mesma humanidade, é a briga, a discórdia no que estava unido. Eros, ao contrário, é a concordância e a união do que é tão dessemelhante quanto possa ser o feminino do masculino. Éris e Eros são ambos produzidos pelo mesmo ato fundador que abriu o espaço, desbloqueou o tempo, permitiu que gerações sucessivas surgissem no palco do mundo, agora desimpedido.

    Nessa altura, todos esses personagens divinos, com Éris de um lado, Eros de outro, vão se enfrentar e combater-se. Por que vão lutar? Menos para formar o universo, cujas bases já estão assentadas, e mais para designar o senhor desse universo. Quem será o soberano? Em vez de um relato cosmogônico que faz as perguntas: "O que é o começo do mundo? Por que o Caos primeiro? Como foi fabricado tudo o que o universo contém?", surgem outras perguntas, a que outros relatos, muito mais dramáticos, tentam responder. De que modo os deuses, que foram criados e que por sua vez engendram, vão lutar e se dilacerar? Como vão se entender? Como os Titãs deverão expiar a falta que cometeram contra o pai Urano, como serão castigados? Quem vai garantir a estabilidade deste mundo construído a partir de um nada que era tudo, de uma noite da qual saiu até a luz, de um vazio do qual nascem o cheio e o sólido? Como o mundo vai se tornar estável, organizado, com seres individualizados? Ao se afastar, Urano abre caminho para uma série ininterrupta de gerações. Mas, se a cada geração os deuses lutarem entre si, o mundo não terá nenhuma estabilidade. A guerra dos deuses deve chegar ao fim para que a ordem do mundo seja definitivamente estabelecida. Levanta-se a cortina do palco onde serão travadas as lutas pela soberania divina.

Guerra dos deuses, reinado de Zeus

No teatro do mundo, o cenário está montado. Abriu-se o espaço, o tempo passou, gerações vão se suceder. Há o mundo subterrâneo, há a vasta terra, as ondas, o rio Oceano que cerca tudo isso e, lá em cima, um céu fixo. Assim como a terra é um local estável para os homens e os bichos, também, no alto, o céu etéreo é morada segura para as divindades. Os Titãs, filhos do Céu, e que são os primeiros deuses propriamente ditos, têm, pois, o mundo à sua disposição. Vão se instalar bem no alto, sobre as montanhas da terra, ali onde também se estabelecerá a morada estável das divindades menores, como as Náiadas, Ninfas dos Bosques e Ninfas das Montanhas. Cada um deles se instala onde pode agir.

Bem no alto do céu encontram-se os deuses Titãs, esses a que chamamos de Urânidas, filhos de Urano, rapazes e moças. À frente deles está o caçula, o mais jovem dos deuses, que é astuto, burlão, cruel. É Crono, que não hesitou em cortar as partes sexuais de seu pai. Ao ter a ousadia desse gesto, desbloqueou o universo, criou o espaço, engendrou um mundo diferenciado, organizado. Esse gesto positivo também tem um aspecto sombrio, pois ao mesmo tempo é uma falta pela qual ele terá de pagar: quando se retirou para seu lugar definitivo, Céu não deixou de lançar contra seus filhos, os primeiros deuses individualizados, uma imprecação que se realizará e ficará a cargo das Erínias, nascidas da mutilação. Um dia, Crono terá de pagar a dívida com as Erínias vingadoras de seu pai.

Portanto, é Crono, o mais moço e também o mais audacioso filho de Gaia — aquele que emprestou seu braço à artimanha da mãe para afastar Céu e separá-lo dela —, que será o rei dos deuses e do mundo. Com ele, em torno dele, estão os deuses Titãs, inferiores mas cúmplices. Crono os libertou, eles são seus protegidos. Dos abraços de Urano e Gaia, também haviam nascido dois trios de personagens que, de início, estavam bloqueados, tal como seus irmãos Titãs, no seio de Terra: são os três Ciclopes e os três Cem-Braços. O que acontece com eles? Tudo leva a crer que Crono, esse deus ciumento e malvado, sempre à espreita, os acorrentou, receoso de que alguém estivesse tramando um golpe baixo contra ele. Amarra os três Ciclopes, os três Cem-Braços, e relega-os ao mundo infernal. Por outro lado, os Titãs e as Titânidas vão se unir, e Crono a uma delas, Rea. Esta aparece como uma espécie de dublê de Gaia. Rea e Gaia são duas forças primordiais próximas. No entanto, algo as diferencia: Gaia tem um nome transparente para qualquer grego, pois se chama Terra e *é* a terra; Rea, por sua vez, recebeu um nome pessoal, individualizado, que não encarna nenhum elemento natural. Rea representa um aspecto mais antropomorfo, mais humanizado, mais especializado do que Gaia. Mas, no fundo, Gaia e Rea são como mãe e filha, muito próximas, semelhantes.

NO VENTRE PATERNO

Crono casa-se com Rea e também terá filhos, que, por sua vez, gerarão outros filhos. Forma-se assim uma nova geração de divindades, a segunda geração de deuses individualizados, com seus nomes, suas relações, seus setores de influência. Mas Crono, desconfiado, ciumento e zeloso de seu poder, não confia nos filhos, tanto mais porque Gaia o alertou sobre esse problema. Mãe de todas as divindades primordiais, ela está nos segredos do tempo, capta aquilo que, dissimulado na escuridão de seus desvãos, vem à luz pouco a pouco. Conhece o futuro antecipadamente. Gaia preveniu o filho de que ele também se arriscava a tornar-se vítima de um dos membros da prole. Um de seus filhos, mais forte que ele, o destronará. Por conseguinte, a soberania de Crono é temporária, o que o preocupa e o leva a tomar suas precauções. Assim que tem um filho, engole-o, devora-o, esconde-o na barriga. Todos os filhos de Crono e Rea são tragados pelo ventre paterno.

Naturalmente, Rea não está nada satisfeita com esse comportamento, assim como Gaia não estava com a conduta de Urano, que impedia seus filhos de virem à luz. De certa forma, Urano e Crono rejeitam a progenitura na véspera de seu nascimento. Não querem que venha à luz, que seja como a árvore que perfura o solo e leva sua vida entre o céu e a terra. A conselho de Terra, Rea resolve se defender da conduta escandalosa de Crono. Planeja uma artimanha, uma burla, uma fraude, uma mentira. Ao fazê-lo, opõe a Crono aquilo mesmo que o define, pois ele é um deus da astúcia, um deus da mentira e da duplicidade. Quando Zeus, o último filho, o caçula — assim como Crono era o caçula de Urano —, está prestes a nascer, Rea vai a Creta e dá à luz clandestinamente. Entrega o bebê à guarda de seres divinos, as Náiadas, que vão se encarregar de criá--lo dentro de uma gruta a fim de que Crono não desconfie de nada, nem ouça os gemidos do recém-nascido. Depois, os gritos da criança logo se tornam mais fortes, e Rea pede a divindades masculinas, os Curetas, que fiquem defronte da gruta e se dediquem a danças guerreiras para que o ruído das armas e os diversos barulhos e cantos abafem o som da voz do jovem Zeus. Assim, Crono não desconfia de nada. Mas, como sabe que Rea estava grávida, espera ver o recém-nascido que ela teve e que deve lhe apresentar. Então, o que mostra Rea? Uma pedra. Uma pedra que ela escondeu entre as fraldas da criança. Diz a Crono: "Toma cuidado, ele é frágil, pequenininho", e pimba! Crono engole a pedra enrolada no cueiro. Toda a geração dos filhos de Crono e Rea já estava no ventre de Crono; e agora, para completar, ele engole uma pedra.

Enquanto isso, em Creta, Zeus cresce e fica forte. Quando chega à plena maturidade, vem-lhe a ideia de fazer com que Crono expie seu crime contra os próprios filhos e também contra Urano, que ele mutilou perigosamente. Quer que Crono vomite a prole que tem na barriga. Como fazer? Zeus está sozinho. Mais uma vez, é graças à astúcia que conseguirá, graças a essa astúcia que os gregos chamam *mêtis*, ou seja, essa forma de inteligência que sabe combinar de antemão procedimentos de vários tipos para enganar a pessoa que se tem diante de si. A astúcia de Zeus consiste em fazer Crono tomar um *phármakon*, ou seja, um remédio, apresentado como um sortilégio, mas que na verdade é um vomitório. É Rea que lhe oferece. Mal Crono o engole, começa a vomitar. Primeiro, a pedra, depois Héstia, que é a primeira a aparecer, depois toda a série de deuses e deusas, no sentido inverso de suas idades. No fim da fila está o mais velho, logo depois da pedra está a mais moça. Ao pô-los para fora, Crono reitera, a seu modo, o nascimento de todos os filhos que Rea pôs no mundo.

UM ALIMENTO DE IMORTALIDADE

Está assim reunido um conjunto de deuses e deusas que vão se colocar ao lado de Zeus. Começa então o que se pode chamar de guerra dos deuses, isto é, o enfrentamento entre eles num combate por muito tempo indeciso, e que se prolonga por cerca de dez "grandes anos", ou seja, por miríades de anos, já que o grande ano dura cem, ou até mil anos.

De um lado, reúnem-se em volta de Crono os outros deuses Titãs, de outro, reúnem-se em volta de Zeus os que chamamos de Cronidas, ou deuses Olímpios. Cada um estabeleceu sua morada, seu campo, no alto de uma montanha, e lutam por muito tempo sem que a vitória penda claramente para um lado ou outro. Agora, o teatro do mundo está não só plantado mas ocupado, dilacerado por essa guerra interminável entre a primeira geração de deuses e seus filhos. De novo aqui intervém a astúcia. Há várias etapas nessa estranha batalha entre forças divinas. O que é certo é que a vitória será do campo que tiver consigo não apenas a força bruta mas também a inteligência sutil. Não é a violência acrescida de força a desempenhar o papel determinante nessa batalha indecisa, mas a astúcia e a malícia. Por isso é que um personagem a que também chamamos Titã, embora pertença à segunda geração — trata-se de Prometeu, filho do Titã Jápeto —, deve passar para o lado de Zeus e lhe dar justamente o que ainda falta ao jovem deus, isto é, a astúcia. Essa *mêtis*, o espírito inteligente e sonso, permite antes de mais nada tramar de antemão os acontecimentos para que se produzam conforme o que se deseja.

Gaia, essa grande mãe a um só tempo escura e luminosa, muda e particularmente loquaz, explica a Zeus que, para vencer, ele deve juntar os seres aparentados aos Titãs mas que não estão no campo destes últimos. Refere-se aos três Ciclopes e aos três Cem-Braços.

Pois esses deuses Titãs são divindades primordiais, que ainda têm toda a brutalidade das forças naturais, e para vencer e subjugar as forças da desordem é preciso incorporar o poder da desordem. Seres puramente racionais, puramente ordenados, não conseguiriam vencer. Zeus precisa contar com protagonistas que encarnem as forças da brutalidade violenta e da desordem apaixonada, representadas pelos Titãs.

Assim, Zeus liberta os Ciclopes e os Cem-Braços, que então se dispõem a lhe dar uma boa ajuda. Mas nem assim o conflito acaba. Para que se tornem aliados fiéis, Zeus precisa não só devolver-lhes a liberdade de movimento, depois de os ter tirado da prisão noturna e escura onde Crono os escondera, mas dar-lhes também a garantia de que, se combaterem ao seu lado, terão direito ao néctar e à ambrosia, ou seja, a um alimento de imortalidade.

Reaparece aqui esse tema do alimento que já desempenhou um importante papel: Crono, com um apetite feroz, engolia seus filhos, transformando-os em alimento; estava tão preocupado com sua pança que, quando recebeu uma pedra à guisa de bebê, também a engoliu. Zeus faz dos Cem-Braços e dos Ciclopes, que são da mesma geração dos Titãs, divindades olímpicas verdadeiras, concedendo-lhes o privilégio de um alimento de imortalidade. Na verdade, o que caracteriza os deuses do Olimpo é que, ao contrário dos animais que comem qualquer coisa, e dos homens que vão se alimentar de pão, vinho e carne ritualmente sacrificada, os deuses não se alimentam, ou melhor, eles absorvem um alimento de imortalidade, que lhes dá vitalidade interior, a qual, ao contrário da dos homens, jamais se esgota e desconhece o cansaço. Depois do esforço, os homens sentem fome e sede. Devem recarregar as baterias. Os deuses não têm essa preocupação constante. Ao contrário, têm uma forma de existência contínua. O néctar e a ambrosia que são oferecidos aos Cem-Braços e aos Ciclopes são a confirmação de que realmente fazem parte das divindades, no sentido pleno da palavra. De um lado, a astúcia sutil, a artimanha; de outro, a força bruta, a violência e a desordem desenfreada que, pelo viés dos Ciclopes e dos Cem-Braços, voltam-se contra os deuses Titãs que as encarnam. Finalmente, depois de dez grandes anos de um combate incerto, os pratos da balança vão pender para o lado daqueles a que chamamos de Olímpios, pois combatem no topo do Olimpo.

Quem são os Ciclopes? Como dão a vitória a Zeus? Oferecem-lhe uma arma irresistível, o raio. É Gaia, sempre presente, que lhes dá os meios de fabricá-lo, assim como tirara de seu seio aquele metal branco da foice que armara a mão de Crono. Aqui, mais uma vez é ela que fornece o material. Os Ciclopes, com seu olho único, tal como ferreiros, tal como um Hefesto *avant la lettre*, detêm esse raio que vão pôr à disposição de Zeus para que a qualquer momento ele o utilize. Na mão de Zeus, o raio é um feixe condensado de luz e fogo incrivelmente poderoso e ativo. Compreende-se que os Ciclopes tenham um só olho: é que o próprio olho é como fogo. Para os antigos — para aqueles que pensaram essas histórias —, o olhar é a luz que sai do olho. Mas a luz que vai surgir do olho de Zeus é, justamente, o raio. Sempre que ele estiver em real perigo, seu olho vai fulminar os adversários. De um lado, os Ciclopes com seu olho; de outro, os *Hekatonkhîres*, ou Cem-Braços, esses monstros que têm um tamanho descomunal e, nos braços — ou nas mãos, nas *kheîres*, como diriam os gregos, que não fazem a distinção —, uma força multiplicada por cem, sendo portanto o pulso forte: com os dois trunfos representados pelo olho do Ciclope que aniquila e a força do braço que domina, Zeus torna-se de fato invencível.

Há um ponto culminante nessa batalha. No auge do combate entre as forças divinas, quando Zeus lança seu raio e os Cem-Braços se precipitam para cima dos Titãs, o mundo retorna a um estado caótico. As montanhas desabam, abrem-se rachaduras e, do fundo do Tártaro, ali onde reina a Noite, vê-se de repente subir a neblina das profundezas. O céu desaba sobre a terra, volta-se ao estado de *Kháos*, ao estado primordial da desordem original, quando ainda nada tinha forma. A vitória de Zeus não é só um modo de vencer o adversário e pai Crono, é também uma maneira de recriar o mundo, refazer um mundo ordenado a partir de um Caos, onde nada é visível, onde tudo é desordem.

    Vê-se muito claramente que uma das forças de Zeus, quer se trate da mão dos Cem-Braços ou do olho dos Ciclopes, deriva de sua capacidade de domar o adversário, de lhe impor seu jugo. A soberania de Zeus é a de um rei que possui a magia dos laços. Quando um adversário se erguer diante dele, Zeus lhe lançará o chicote luminoso de seu olhar e seu raio cercará o oponente. Força do olho, força do braço: o adversário cai dominado. No momento dessa sinistra apoteose da força de Zeus, que implica a etapa necessária de retorno provisório ao Caos, os Titãs são jogados no chão. Zeus os derruba sob as chicotadas de seu raio e sob o pulso dos Cem-Braços. Eles caem no chão e os Cem-Braços atiram sobre eles uma montanha de pedras enormes, sob as quais os Titãs não podem mais se mexer. Esses deuses, cuja força se manifestava na mobilidade, na presença contínua, são reduzidos a nada, imobilizados sob as pedras, das quais não conseguem escapar. Não podem mais exercer sua força. Os Cem-Braços — Coto, Briareu e Gies — os agarram e os levam para o mundo subterrâneo. Os Titãs não podem ser mortos, posto que são imortais, mas são despachados para o Caos subterrâneo, para o Tártaro brumoso, onde nada se pode distinguir, onde não há direção, abismo aberto no fundo da terra. Para que não possam subir de novo à superfície, Posêidon é encarregado de construir uma muralha em torno dessa espécie de desfiladeiro que, no mais profundo do solo, forma a passagem estreita que vai dar no mundo subterrâneo e sombrio do Tártaro.

Por esse desfiladeiro, como pelo gargalo de uma jarra, enfiam-se todas as raízes que a terra implanta nas trevas a fim de garantir sua estabilidade. É ali que Posêidon constrói um triplo muro de bronze e nomeia os Cem-Braços como guardiães fiéis de Zeus. Ao bloquear essa abertura, todas as precauções são tomadas para que essa geração de Titãs não possa mais surgir na luz.

A SOBERANIA DE ZEUS

Assim termina o primeiro ato. Agora, Zeus é o vencedor. Conseguiu o apoio dos Ciclopes e dos Cem-Braços, mas também a adesão de certo número de forças titanescas. Em particular, a de uma deusa que representa tudo o que o mundo subterrâneo, o mundo infernal, e também o mundo aquático comportam em matéria de força perigosa: a deusa Estige. Ela corre nas profundezas da terra, no Tártaro, e depois, a certa altura, surge na superfície. As águas do rio Estige são tão poderosas que qualquer mortal que quiser bebê-las será imediatamente fulminado. Durante a batalha, Estige decide abandonar o campo dos Titãs, ao qual pertencia por sua origem, e passar para o lado de Zeus. Ao se pôr ao lado dele, leva consigo seus dois filhos: *Krátos* e *Bíe*. *Krátos* representa o poder de dominação, o poder de subjugar e se impor aos adversários. Bía encarna a violência brutal que se opõe à astúcia. Depois da vitória contra os Titãs, Zeus se cerca permanentemente de *Krátos*, o poder da soberania universal, e de Bía, a capacidade de desatar uma violência contra a qual não há defesa possível. Quando Zeus se desloca, aonde quer que vá, *Krátos* e Bía estão sempre com ele, à sua direita e à sua esquerda.

Ao ver isso, os deuses do Olimpo, seus irmãos e irmãs, decidem que a soberania cabe a Zeus. Os Titãs pagaram o preço de sua infâmia e agora Zeus assume a soberania. Ele distribui entre os deuses honras e privilégios. Institui um universo divino hierarquizado, ordenado, organizado e que, por conseguinte, será estável. O teatro do mundo está instalado, o cenário, armado. No topo, reina Zeus, o ordenador de um mundo que originalmente saiu do Caos.

Outras questões se colocam. Urano e Crono eram seres semelhantes em muitos aspectos. Ambos se caracterizam pelo fato de que não quiseram ver seus filhos lhes suceder. Ambos impediram a progenitura de vir à luz. Esses primeiros deuses representam uma classe divina que se nega a ver outra classe divina tomar seu lugar na sucessão de gerações. Mas, fora essas analogias, o personagem de Urano não tem nada a ver com o de Crono do ponto de vista da fábula e do relato. Urano, prole de Gaia, depois se acasala com ela indefinidamente; não tem outro objetivo senão unir-se àquela que o gerou, num coito ininterrupto. Urano não tem astúcia, está desarmado, não imagina nem por um instante que Gaia possa querer se vingar dele.

À diferença de Urano, Crono não bloqueia sua progenitura no ventre da mãe, mas em seu próprio ventre. Urano obedece à pulsão do Eros primordial que o imobiliza, o fixa sobre Gaia; inversamente, tudo o que Crono faz é determinado por sua vontade de manter o poder, de permanecer o soberano. Crono é o primeiro político. Ele é não só o primeiro rei dos deuses, o primeiro rei do universo, mas também o primeiro a pensar de forma astuciosa e política, temendo ser desapossado de seu cetro.

Com Zeus, delineia-se um universo muito diferente. São seus pares que o escolhem como rei. Ele distribui com grande justiça as honrarias que cada um merece, e até mesmo mantém os privilégios que certas forças titânicas possuíam antes de sua chegada ao poder, embora não tenham se aliado claramente a um lado ou a outro no conflito dos deuses. Assim é que Oceano, esse rio que circunda o mundo, não se pronunciou nem pelos Titãs nem pelos Olímpios. Ora, conquanto tenha ficado neutro, ele vai continuar a cuidar das fronteiras externas do mundo, encerrando-o em seu circuito líquido.

Zeus mantém e até estende todos os privilégios de Hécate, divindade feminina que tampouco entrou na batalha. É verdade que, na repartição dos poderes que Zeus ordena, Hécate ocupa um lugar à parte. Essa divindade não é especificamente celeste ou terrestre, mas representa, num mundo divino masculino e organizado de modo muito estrito, uma forma de jogo, de bel-prazer, de acaso. Pode favorecer alguém ou, ao contrário, prejudicá-lo sem que se saiba muito bem por quê. Hécate concede como bem entende a felicidade ou a infelicidade. Na água, faz ou não os peixes se multiplicarem, no céu, os pássaros e, na terra, os rebanhos. Encarna um elemento de gratuidade no mundo divino, onde introduz uma pitada de aleatório. Zeus e Gaia dominam o tempo, sabem de antemão como ele vai se passar; Hécate lubrifica um pouco essas engrenagens, permite que o mundo funcione de modo mais livre, com uma margem de imprevisto. Seus privilégios são imensos.

Poderíamos pensar que agora está tudo acertado, mas, naturalmente, não é o caso. A nova geração divina se instalou. À sua frente acha-se Zeus, rei dos deuses, que não foi apenas um substituto de Crono, mas é seu contrário. Crono era a não justiça, ele não levava em conta seus aliados, ao passo que Zeus funda sua dominação em certa justiça, preocupado com a igualdade ao favorecer as outras divindades. Conserta o que a soberania de Crono tinha de arbitrária, de pessoal, de malfazeja. Zeus institui uma forma de soberania mais comedida, mais equilibrada.

Passa-se o tempo. Zeus tem filhos e, claro, esses filhos logo crescem, ficam fortes e poderosos. Ora, alguma coisa no modo de funcionamento do mundo representa uma ameaça para o universo divino. Para se tornarem adultos, os seres devem crescer, e o tempo gasta todas as coisas: o próprio Zeus foi uma criança enfaixada, gemendo no sigilo de uma gruta, protegido por seus guardiães. Ei-lo na força da idade, mas será que também não teria de enfrentar o declínio? Será que para os deuses, assim como para os homens, não chega um momento em que o velho rei sente que já não é exatamente quem era, em que vê ao seu lado o filho jovem, que ele protegia, tornar-se mais forte e ter sucesso ali onde agora ele fracassa? Isso não irá acontecer com o próprio Zeus? Da mesma forma que Crono destronou o pai Urano, e Zeus destronou o pai Crono, Zeus também será destronado por um filho? Será destronado, sim, pois isso é algo que pode ou até mesmo deve acontecer, é algo como que inscrito antecipadamente na ordem do tempo. Gaia sabe disso; Rea também. E Zeus, alertado, deve se prevenir contra a eventualidade. A ordem que estabeleceu deve ser tal que não possa ser questionada por uma luta sucessória pelo poder real. Ao se tornar rei dos deuses, senhor do mundo, Zeus não podia ser um soberano como os outros. Precisava encarnar a soberania em estado puro, uma força de dominação permanente e definitiva. Uma das chaves dessa estabilidade de um reino imutável que substitui uma série de reinos sucessivos reside no casamento do deus soberano.

AS ASTÚCIAS DO PODER

A primeira esposa de Zeus tem o nome de *Mêtis*, que significa essa forma de inteligência que, como vimos, permitiu a ele conquistar o poder: *mêtis*, a astúcia, a capacidade de prever todos os acontecimentos, de não ser surpreendido nem desorientado por coisa alguma, de nunca abrir o flanco para um ataque inesperado. Assim, Zeus se casa com Mêtis e esta logo fica grávida de Atena. Zeus teme que algum filho seu, por sua vez, o destrone. Como evitar? Aqui reencontramos o tema do devoramento. Crono engoliu os filhos, mas não chegou à raiz do mal, já que foi por uma *mêtis*, uma astúcia, que um vomitório o fez expelir todos os filhos. Zeus quer resolver o problema de forma bem mais radical. Diz que só há uma solução: não basta que Mêtis esteja a seu lado como esposa, ele mesmo tem de se tornar Mêtis. Zeus não precisa de uma sócia, de uma companheira, mas deve ser a *mêtis* em pessoa. Como fazer? Mêtis tem o poder de se metamorfosear, ela assume todas as formas, assim como Tétis e outras divindades marinhas. É capaz de virar animal selvagem, formiga, rochedo, tudo o que quiser. Trava-se então um duelo de astúcias entre a esposa, Mêtis, e o esposo, Zeus. Quem vai ganhar?

Há boas razões para se supor que Zeus recorra a um processo que conhecemos também em outros casos. Em que consiste? É claro que, para enfrentar uma feiticeira ou um mago extraordinariamente dotado e poderoso, o ataque direto estaria fadado ao fracasso. Mas, se escolher o caminho da artimanha, talvez haja uma chance de vencer. Zeus interroga Mêtis: "Podes de fato assumir todas as formas, poderias ser um leão que cospe fogo?". Na mesma hora Mêtis se torna uma leoa que cospe fogo. Espetáculo aterrador. Zeus lhe pergunta depois: "Poderias também ser uma gota-d'água?" "Claro que sim." "Mostra-me." E, mal ela se transforma em gota-d'água, ele a sorve. Pronto! Mêtis está na barriga de Zeus. Mais uma vez a astúcia funcionou. O soberano não se contenta em engolir seus eventuais sucessores: ele agora encarna, no correr do tempo, no fluxo temporal, essa presciência ardilosa que permite desfazer antecipadamente os planos de qualquer um que tente surpreendê-lo ou derrotá-lo. Sua esposa Mêtis, grávida de Atena, está em sua barriga. Assim, Atena não vai sair do regaço da mãe, mas da cabeça do pai, que é agora tão grande quanto o ventre de Mêtis. Zeus dá uivos de dor. Prometeu e Hefesto são chamados para socorrê-lo.

Chegam com um machado duplo, dão uma boa pancada na cabeça de Zeus e, aos gritos, Atena sai da cabeça do deus, jovem donzela já toda armada, com seu capacete, sua lança, seu escudo e a couraça de bronze. Atena é a deusa inventiva, cheia de astúcia. Ao mesmo tempo, toda a astúcia do mundo está agora concentrada na pessoa de Zeus. Ele está protegido, mais ninguém poderá surpreendê-lo. E assim se resolve a grande questão da soberania. O mundo divino tem um senhor que nada e ninguém pode questionar, pois ele é a própria soberania. A partir daí, nada mais pode ameaçar a ordem cósmica. Tudo se resolve quando Zeus engole Mêtis e, assim, se torna o *Metióeis*, ou seja, o deus feito inteiramente *mêtis*, a Prudência em pessoa.

MÃE UNIVERSAL E CAOS

A guerra dos deuses terminou. Os Titãs estão derrotados, os Olímpios venceram. Na verdade, nada está resolvido, porque depois da vitória de Zeus, no exato momento em que aparentemente o mundo está enfim pacificado e reina uma ordem definitiva, estável e justa, nesse exato momento Gaia dá à luz um novo ser mais jovem, cujo nome ora é Tifeu, ora Tífon. Ela o concebeu unindo-se por amor, sob o impulso de "Afrodite de Ouro", como dizem as tradições, a um personagem masculino que se chama Tártaro. É esse abismo que dentro de Gaia, no fundo dela, representa como que um sucedâneo, um eco do Caos primordial. Subterrâneo, nebuloso, noturno, Tártaro pertence a uma linhagem totalmente diferente dessas forças celestes que são os deuses do Olimpo ou até mesmo os Titãs.

Assim que os Titãs foram expulsos do céu, despachados para o fundo do Tártaro, onde ficariam para sempre trancados, Gaia optou por gerar um novo e último rebento, e para isso uniu-se justamente com esse Tártaro, que é um antípoda do céu. Na condição de chão do mundo, Gaia se situa a meio caminho entre o céu etéreo e o Tártaro tenebroso. Se uma bigorna de bronze cai do céu, leva nove dias e nove noites até alcançar a terra, no décimo dia. E a mesma bigorna, ao cair da terra para mais baixo, levaria o mesmo tempo até chegar ao Tártaro. Quando criou Urano, quando se uniu a ele, Gaia gerou toda a estirpe dos deuses celestes. Mãe universal, ela tudo concebe, tudo prevê. Possui dons oraculares e uma forma de presciência que lhe permite revelar durante os combates, a quem lhe agrada, os caminhos secretos e maliciosos da vitória. Mas Gaia é também a Terra negra, a Terra nebulosa. Resta-lhe algo de caótico e primitivo. Ela não se reconhece inteiramente entre esses deuses que vivem no éter brilhante, ali onde nunca aparece a menor sombra. Não se sente tão respeitada, como mereceria, por esses personagens que, do topo do Ótris ao topo do Olimpo, enfrentam-se sem perdão para dominar o mundo.

No início, como o leitor se lembra, houve Caos. Depois, Terra, Gaia, a mãe universal, que é na verdade o contrário do Caos, mas, ao mesmo tempo, tem algo dele; não só porque em suas profundezas, por meio do Tártaro, por meio do Érebo, existe um elemento caótico, mas também porque ela surge logo depois dele. E, fora Terra, não existe nesse momento nada mais no cosmo a não ser o Caos.

O ser que ela produzirá, e que vai questionar não só a Zeus mas a todo o sistema divino do Olimpo, é um ser ctônio no sentido de terrestre: *Khthón*, ou seja, a terra em seu aspecto escuro, noturno, e não a terra na condição de mãe, de base segura para todos os seres que andam e se apoiam nela. Esse personagem monstruoso, gigantesco, primordial, é, na forma em que Gaia o produz, uma figura singular, que comporta aspectos humanos e não humanos. Com uma força assustadora, ele tem a energia do Caos, do primor-

dial, da desordem. Tem membros tão poderosos como os dos Cem-
-Braços, braços que se ligam aos ombros com tremendo vigor, flexibilidade e força. Seus pés se apoiam firmemente no chão, são incan-
sáveis e estão sempre em movimento. É um ser do movimento, da
mobilidade. Não é, como há exemplos em certos mitos do Oriente
Médio, uma massa pesada e inerte que só cresce em certos momentos e só age como força de resistência que ameaça ocupar todo o
espaço entre o céu e a terra. Tífon, ao contrário, está o tempo todo
se mexendo, batendo, movimentando pernas e pés. Tem cem cabeças de serpente, sendo que cada uma dessas cem cabeças de serpente possui uma língua preta projetada para fora da boca. Cada
uma delas também tem dois olhos que dardejam uma chama que
queima, uma claridade que ilumina essas cabeças serpentinas e ao
mesmo tempo consome tudo aquilo que seus olhares fixam.

 E o que conta esse monstro pavoroso? Ele usa vozes múltiplas: de vez em quando, fala a linguagem dos deuses, às vezes, a dos
homens. Em outros momentos, emite sons de todos os bichos selvagens imagináveis: ruge como um leão, muge como um touro. Sua
voz, seu modo de falar são tão multiformes e variados quanto seu
aspecto é monstruoso. Seu ser traduz mais uma mistura confusa de
todas as coisas do que uma essência particular; é a reunião num só
indivíduo dos aspectos mais contrários e de traços incompatíveis.
Se essa monstruosidade caótica no aspecto, na fala, no olhar, na
mobilidade, na força tivesse vencido, então a ordem de Zeus teria
sido liquidada.

 Depois da guerra dos deuses e da promoção de Zeus à realeza,
o nascimento de Tifeu, ou Tífon, constitui um perigo para a ordem
olímpica. Sua vitória selaria a volta do mundo ao estado primordial
e caótico. Nesse caso, o que iria acontecer? A longa luta dos deuses
que brigavam entre si teria sido eliminada. O mundo teria retornado
a uma espécie de caos. Não seria um retorno ao caos primordial

de origem, pois deste saíra um mundo organizado, mas o mundo se entregaria a uma desordem generalizada.

TÍFON OU A CRISE DO PODER SUPREMO

Tífon ataca Zeus. A batalha é terrível. Como na época da luta dos Titãs contra os deuses do Olimpo, Zeus consegue vencer graças a uma espécie de tremor de terra, de revolução dos elementos. As ondas se jogam sobre a terra, e as montanhas desabam na hora em que Zeus troveja e tenta, com seu raio, quebrar e domar o monstro. No próprio Hades, o abismo dos mortos e da noite, tudo se mistura, tudo é precipício. A luta de Tífon contra Zeus é a luta do monstro de centenas de olhos flamejantes contra a fulgurância do olhar divino. Evidentemente, é o olho fulminante de Zeus que, graças à luz que projeta, vencerá essas chamas lançadas pelas cem cabeças de serpente do monstro. Olho por olho, Zeus é o vencedor.

Uma anedota conta que, quando Zeus comete o erro de baixar a guarda ao adormecer em seu palácio — logo ele, cujo olho deveria estar permanentemente vigilante —, Tífon se aproxima, descobre o lugar onde Zeus guardou o raio e prepara-se para agarrá-lo; mas, bem na hora em que vai pôr a mão na arma da vitória, Zeus abre o olho e fulmina de imediato o inimigo. Duas forças se opõem. Qual das duas vencerá com sua vigilância e sua fulgurância? A caótica ou a olímpica? No final, mais uma vez Tífon é derrotado. Os nervos de seus braços e pernas, que nele encarnam a força vital no que tem de combativo, são vencidos pelo raio. Ei-lo paralisado, os rochedos caindo em cima de Tífon; ei-lo sendo levado de volta ao Tártaro nebuloso, onde se encontram suas origens.

Outros relatos muito curiosos exprimem de modo diferente o caráter monstruoso de Tifeu. Essas histórias são contadas tardiamente, no século II de nossa era. Entre o Tifeu de Hesíodo, no século VII a.C., e este de quem agora se fala, as diferenças resultam em grande parte de influências orientais.

Gaia, cansada dos deuses do Olimpo, gera com Tártaro um monstro. Este é descrito como um colosso, com os pés poderosamente fincados na terra, e dotado de um corpo imenso que nunca termina, de modo que sua testa esbarra no céu. Quando abre os braços, uma de suas mãos toca o extremo leste, a outra toca o extremo oeste. Por natureza ele reúne e funde o baixo e o alto, o céu e a terra, a direita e a esquerda, o Oriente e o Ocidente. Essa massa caótica lança-se numa investida ao Olimpo. Quando os Olímpios o avistam, são tomados por um terror irresistível, transformam-se em pássaros e se salvam. Zeus, que fica sozinho, enfrenta esse brutamontes imenso, da altura do mundo e da largura do universo. Ele troveja e bate em Tifeu, que é obrigado a recuar. Então, Zeus pega a *hárpe* — a foice — e tenta derrotá-lo, mas o outro o ataca no corpo a corpo e dessa vez é Tifeu o vencedor, pois graças à sua massa consegue cercar Zeus e paralisá-lo. Depois, Tifeu corta-lhe os nervos dos braços e das pernas. E parte carregando nas costas o corpo de Zeus, para ir depositá-lo numa caverna da Cilícia. Ao mesmo tempo, o monstro esconde os nervos e o raio de Zeus.

Poderíamos pensar que está tudo perdido e que desta vez o vencedor é o universo da desordem completa. De fato, o brutamontes continua ali, todo contente e satisfeito diante do pobre Zeus, trancado naquela caverna, incapaz de se mexer, sem nenhuma energia, com os nervos dos braços e das pernas cortados, privado de seu raio. Mas, assim como anteriormente, para Zeus e os Olímpios são a astúcia, a artimanha, a mentira, o engodo e a inteligência que vencerão. Dois personagens, Hermes e Egipã, conseguem assim recuperar os nervos de Zeus sem que Tífon perceba. Zeus os recoloca no lugar, como quem ajeita os suspensórios, e apanha o raio. Quando Tífon acorda e descobre que Zeus não está mais na caverna, a luta recomeça a todo vapor, mas agora se conclui com a derrota definitiva do monstro.

Outras versões análogas contam como Zeus é momentaneamente derrotado, feito prisioneiro, perdendo suas forças e seu raio. É o astuto Cadmo que descobre as manobras do monstro. Tífon, acreditando já estar tudo resolvido, anuncia que é o rei do universo e vai trazer de volta ao poder os deuses primordiais. Quer libertar os Titãs e eliminar o reino de Zeus. Rei bastardo, rei capenga, Tífon é o rei da desordem que destrona Zeus, o rei da justiça. É então que Cadmo começa a tocar flauta. Tífon acha sua música admirável. Escuta-a e depois descansa suavemente e cai num sono profundo. Lembra-se das histórias contadas a respeito de Zeus, que mandou sequestrar alguns mortais para que o enfeitiçassem com a música e a poesia. Quer fazer a mesma coisa e propõe a Cadmo ser seu chantre, não o da ordem olímpica, mas o do caos de Tífon. Cadmo aceita, com a condição de ter um instrumento de música melhor, que também lhe permita cantar. "De que necessitas?", pergunta Tífon. "Necessito de cordas para minha lira." "Tenho o que desejas, cordas formidáveis", anuncia Tífon, que vai logo pegar os nervos de Zeus. Cadmo começa a tocar admiravelmente bem. Tífon adormece e, aproveitando essa chance inesperada, Zeus pega de novo as cordas da lira, ou melhor, seus nervos, coloca-os no lugar, apanha o raio e se prepara para mais um combate. Quando Tífon, o contrarrei, a contrafação do monarca do universo, acorda, Zeus pode voltar a atacá-lo com todos os meios de que dispõe. E vencê-lo.

Há também uma outra história em que a astúcia desempenha o mesmo papel, mas na qual Tífon não é mais visto como um bicho multiforme ou um colosso, e sim como um animal aquático, uma baleia imensa que ocupa todo o espaço marítimo. Tífon vive numa gruta marinha onde é impossível combatê-lo, porque o raio de Zeus não consegue atingir o fundo do mar. Novamente, uma artimanha reverte a situação. Como Tífon é um animal que tem grande apetite, Hermes, padroeiro dos pescadores — foi ele quem ensinou o filho Pã a pescar —, prepara então um banquete de peixes para servir de isca ao monstro marinho. De fato, Tífon sai do antro e enche a pança a tal ponto que, quando quer voltar para o abrigo, é incapaz de fazê-lo, de tão inchado que ficou. Encalhado na praia, é um alvo ideal para Zeus, que não tem mais nenhuma dificuldade para matá-lo.

Essas histórias, talvez um pouco sem pé nem cabeça, expressam uma mesma lição. No exato momento em que a soberania parece definitivamente estabelecida, estoura uma crise do poder supremo. Surge uma força que representa tudo aquilo contra o que foi instituída a ordem — o caos, a mistura, a desordem —, e ameaça o senhor do mundo. Zeus parece desarmado. Para se restabelecer no trono, tem que apelar para personagens secundários. Estes não parecem meter medo a ninguém e não apavoram as forças da desordem, que não desconfiam deles. No entanto, graças às suas artimanhas, esses deuses menores ou esses simples mortais permitem — quem diria? — a Zeus levar a melhor e conservar o poder supremo.

Zeus conquistou definitivamente a hegemonia? Ainda não. Na verdade, a história do estabelecimento da supremacia de Zeus ainda comporta um prolongamento na forma de um combate contra os personagens que chamamos de *Gígantes*, os Gigantes.

VITÓRIA CONTRA OS GIGANTES

Esses seres não são nem plenamente humanos nem plenamente divinos. Possuem um estatuto intermediário. Os Gigantes são jovens guerreiros. Simbolizam, no universo, a função guerreira, a ordem militar diante da ordem régia de Zeus. Assemelham-se aos Cem-Braços, que também têm um aspecto de potência guerreira graças à força e à violência com que agem. Vimos que os Cem-Braços passaram para o lado de Zeus, a quem se submetem e cuja autoridade aceitam. Mas os Gigantes, que representam a força das armas, a violência no estado puro, o vigor dos corpos, a juventude física, acabam se perguntando por que não são os donos do poder supremo. É o tema principal da guerra dos Gigantes.

Essa guerra é muito perigosa, pois é de Terra que eles nasceram. Em diversos relatos vemos os Gigantes nascerem diretamente de Terra, na categoria de combatentes já adultos. Não são bebês nem garotinhos, e tampouco idosos: assim que saem de Terra, apresentam-se com a aparência de jovens guerreiros perfeitos. Vêm ao mundo armados, com o elmo, o uniforme dos hoplitas, a lança numa das mãos, o gládio na outra. Assim que nascem, já estão lutando uns contra os outros, depois se unem e entram em guerra contra os deuses. Nessa luta, frequentemente descrita e representada, vemos os deuses do Olimpo intervirem contra os Gigantes. Atena, Apolo, Dioniso, Hera, Ártemis, Zeus, cada um luta com as próprias armas. Mas Gaia explica a Zeus que os deuses não conseguirão vencer os adversários. Na verdade, se os Olímpios causam importantes baixas entre os adversários, não conseguem, porém, aniquilá-los. E, apesar dos ferimentos e das perdas que lhes são infligidas, os Gigantes continuam a atacar.

A força dos Gigantes é a de uma faixa etária, sempre renovada: os jovens às vésperas da vida militar. Para derrotá-los, os deuses do Olimpo precisam de uma criatura que não seja divina. Mais uma vez, Zeus é obrigado a apoiar-se num simples mortal para vencer os Gigantes. É provável que necessite de um mortal porque, justamente, esses jovens Gigantes, que nunca foram crianças e nunca serão velhos, têm a aparência de seres humanos. Combatem os deuses sem que estes consigam reduzi-los a nada. Estão a meio caminho entre a mortalidade e a imortalidade. Seu estatuto é tão ambíguo quanto o do rapaz na flor da juventude: ainda não é um homem feito, mas não é mais uma criança. Assim são os Gigantes.

OS FRUTOS EFÊMEROS

Para terem êxito em sua ação, os deuses do Olimpo pedem ajuda a Héracles. Este ainda não é um deus, ainda não subiu ao Olimpo, é simplesmente o filho da união de Zeus com a mortal Alcmena. Ele mesmo é mortal. Héracles, contudo, vai fazer estragos na raça, na tribo, na *phylé*, no povo dos Gigantes. Ora, apesar desses estragos, a luta não chega ao fim. Mais uma vez Gaia desempenha um papel ambíguo, pois não quer que essas criaturas, que faz nascer de si mesma já todas armadas, sejam liquidadas. Assim, sai à procura de uma erva, uma planta de imortalidade, que cresce durante a noite. Propõe-se a colhê-la no raiar do dia para oferecê-la aos Gigantes a fim de que se tornem imortais, pois deseja que os Olímpios levem em conta essa juventude rebelde, componham-se com ela e não possam mais aniquilá-la. Mas Zeus, avisado do plano de Gaia, consegue ser mais rápido. Justo antes do raiar do dia, antes que a luz invada o solo e que a planta fique claramente visível, ele a colhe. Agora não há mais na terra um só fragmento dessa planta de imortalidade. Sendo assim, os Gigantes não poderão mais engoli-la. Inevitavelmente, morrerão.

Esse detalhe coincide com outro elemento, que ora é atribuído à história dos Gigantes, ora à de Tífon. Conta-se que Tífon estava à procura de um *phármakon*, um filtro que fosse ao mesmo tempo veneno e remédio. Essa espécie de poção, que pode matar ou salvar da doença, são as *Moîrai* que a possuem. As Moiras são divindades femininas que presidem aos destinos de cada um. São elas que apresentam a Tífon uma droga, afirmando-lhe que propicia a imortalidade. Prometem-lhe uma força e uma energia decupladas e a vitória contra Zeus. Tífon engole a bebida, mas, de fato, em vez da droga de imortalidade, as deusas o fizeram tomar o que se chama de um "fruto efêmero", isto é, uma planta destinada aos mortais. É o alimento dos humanos, que vivem sua vida cotidiana e cujas forças se exaurem. Os frutos efêmeros são a marca da mortalidade. Em vez do néctar e da ambrosia, em vez da fumaça dos sacrifícios que os homens elevam em direção aos deuses, esse alimento efêmero torna Tífon frágil, vulnerável, qual um humano. Da mesma forma, os Gigantes vão conhecer o cansaço e a vulnerabilidade, não possuirão a vitalidade dos deuses, constante e eternamente presente.

Percebe-se muito bem que em todas essas histórias há como pano de fundo a ideia de um universo divino com privilégios próprios. O néctar e a ambrosia são a marca alimentar dos imortais. Zeus concedeu aos Ciclopes e aos Cem-Braços o alimento da imortalidade para que eles se tornassem cem por cento deuses e ficassem a seu lado. Inversamente, a todos os pretendentes ao poder supremo, Zeus oferece um alimento efêmero, esse que os seres mortais e vulneráveis comem. Quando na luta a vitória parece incerta, Zeus, decidido a que ela penda para o lado dos Olímpios, não hesita em fazer seus adversários comerem o que os torna tão fracos quanto os homens.

NO TRIBUNAL DO OLIMPO

Com a vitória de Zeus sobre os Gigantes, talvez se possa afirmar que seu reino é realmente sólido; os deuses que lutaram a seu lado dispõem para sempre dos privilégios que receberam. É deles o céu, um lugar que só conhece a luz, a luz pura. Nas profundezas do mundo, é a noite, são as trevas, é o Tártaro ou o Hades: aí os deuses são derrotados; os monstros, dominados; os Gigantes, reduzidos à imobilidade, acorrentados ou adormecidos como Crono. De certa forma, estão fora de combate, estão fora do cosmo. Além dos deuses, o mundo tem os animais e os homens. Essas criaturas conhecem ao mesmo tempo a noite e o dia, o bem e o mal, a vida e a morte. Suas vidas são tecidas junto com a morte, assim como os alimentos perecíveis que ingurgitam.

Ao observarmos como se passa essa história, podemos pensar o seguinte: para que existisse um mundo diferenciado, com suas hierarquias e sua organização, foi preciso um primeiro ato de rebelião, esse que Crono realizou quando castrou Urano. Nesse momento, Urano lançou uma maldição contra seus filhos, uma imprecação que os ameaçava de castigo — ou seja, de uma *tísis* — pela falta cometida. Assim, o tempo que passa é um tempo compassado, que abre espaço para o mal e para a vingança, para as Erínias, as quais fazem com que os erros sejam expiados, e para as *Kêres*. São as gotas de sangue caídas do membro castrado de Urano que geram as forças da violência em toda a extensão do mundo. Mas as coisas são mais complicadas, mais ambíguas. Entre as forças noturnas que investem o universo devido ao primeiro ato fundador de um cosmo organizado — a mutilação de Urano — e as forças da harmonia, há uma espécie de ligação. De um lado, as Erínias, os Gigantes e as Ninfas da guerra; de outro, Afrodite.

Caos gerou Noite, e Noite deu à luz todas as forças do mal. Essas forças más são antes de mais nada a morte, as Parcas, as *Kêres*, o assassinato, a matança, a carnificina. São também todos os males: a Desgraça, a Fome, a Fadiga, a Luta, a Velhice. Entre as maldições que pesam sobre o universo, têm que se levar em conta *Apáte*, o

Engodo, e *Philótes*, a Ternura Amorosa. Foi Noite que as gerou, assim como a Assassinato e Matança. Todas essas espécies de mulheres negras se precipitam sobre o universo e transformam o mundo, não num espaço harmonioso, mas em lugar de terrores, crimes, vinganças e falsidade. Entretanto, se nos voltamos para os lados da descendência de Afrodite, também encontramos, junto com as forças positivas, as forças más. Há Eros e Hímeros, Desejo e Terno Amor — desse lado, vai tudo bem —, mas também as mentiras e os embustes, *exapátai*, as ciladas de sedução que há por trás dos cochichos das mocinhas, e, mais uma vez, a Ternura Amorosa, *Philótes*.

Entre o terreno das forças da união, da concórdia e da doçura, cuja padroeira é Afrodite, e a descendência de uma força noturna que engendra todas as desgraças possíveis, há cruzamentos, encontros, duplicações: entre os filhos de Noite há palavras sedutoras e união amorosa, assim como no séquito de Afrodite os sorrisos encantadores das moças ladeiam as mentiras na união amorosa. É aí que o homem ludibriado e enganado pode conhecer a infelicidade. Portanto, nem tudo é branco de um lado e preto de outro. Esse universo resulta eternamente de uma mistura de opostos.

Ao mobilizar a ira das forças vingativas, Noite contribui para restabelecer a clareza de uma ordem que estava obscura por causa dos erros cometidos. De seu lado, a Afrodite luminosa, a Afrodite dourada, tem como dublê uma Afrodite negra, *Melainis*, uma Afrodite noturna, tenebrosa, urdindo suas espertezas na escuridão.

Quando ordena o universo, Zeus toma muito cuidado para afastar do mundo divino a noite, a escuridão, o conflito. Cria um reino em que, se os deuses brigam, nem por isso a disputa vai terminar em conflito aberto. Ele expulsou a guerra do território divino e a enviou para o mundo dos homens. Todas as forças más que Zeus expulsou do mundo do Olimpo formarão o tecido cotidiano da existência humana. Ele pediu a Posêidon que construísse uma tripla muralha de bronze para que a porta do Tártaro permanecesse fechada e que a Noite e as forças do mal não pudessem mais subir aos céus. É verdade que elas existem no mundo, mas Zeus tomou suas precauções.

Se entre os deuses surge uma disputa que possa degenerar, ei-los logo convidados para um farto festim. Estige também é convocada e chega com um jarro de ouro, contendo a água do rio dos Infernos. As duas potências divinas que entraram em conflito pegam esse jarro, jogam água na terra, fazem uma libação, bebem-na também, e fazem o juramento de que não são responsáveis pela disputa, cuja causa, aliás, é justa. Naturalmente, uma das duas está mentindo. A mentirosa, assim que absorve a água divina, cai em coma, numa espécie de letargia total. Fica num estado semelhante ao dos deuses que foram derrotados. Como Tífon ou os Titãs. Perde o fôlego, o ardor, a vitalidade. Não está morta, pois os deuses são imortais, mas perdeu tudo o que caracteriza seu lado divino, não pode mais se mexer, não pode mais exercer seu poder, está fora de combate. De certa forma, está fora do cosmo, presa numa letargia que a afasta da existência divina. Permanece nesse estado por um tempo muito longo, que os gregos chamam de "grande ano". Quando desperta do coma, continua sem direito de participar do banquete e de beber o néctar e a ambrosia. Essa força divina não é mortal nem francamente imortal. Está numa situação semelhante à dos Titãs, dos Gigantes ou de Tífon. Está excluída.

Em resumo, nesse mundo divino, múltiplo, diverso, Zeus previu os perigos de um conflito. Vigilante, ele instituiu não só uma ordem política, mas também uma ordem quase jurídica, para que, assim que surgir uma disputa, não haja o risco de abalar os pilares do mundo. As divindades faltosas são expulsas do Olimpo até que tenham purgado suas penas. Depois, despertam da letargia, mas ainda não têm direito ao néctar nem à ambrosia, devem esperar dez vezes o tempo que dura suas penas. É a ordem entre os deuses, mas não entre os homens.

UM MAL SEM REMÉDIO

Assim, Tífon está derrotado, aniquilado ali onde Zeus o enterrou. Talvez seus despojos tenham sido despachados para onde os Titãs já estão imobilizados, isto é, para o Tártaro, o que seria muito natural, pois Tífon é filho do Tártaro. Talvez ele também vá permanecer deitado sob esses enormes blocos montanhosos, sobretudo o Etna, que lhe jogaram em cima. Tífon está encerrado nas raízes do Etna, amarrado sob o vulcão que de vez em quando solta fumaça, lavas escaldantes e chamas. Seriam os restos do raio de Zeus que continuam a esquentar? Ou uma manifestação da anomia representada por Tífon? Se de fato é ele que se manifesta nesses abalos do Etna, nessa lava, trazendo das profundezas algo fervilhante, isso provaria que aquilo que Tífon representa, como força da desordem, não desapareceu de todo depois de sua derrota, nem sequer depois de sua paralisia ou de sua morte.

Uma das versões desse relato, que vale a pena salientar, é que dos despojos de Tífon escapam ventos e borrascas, manifestações na superfície da terra, e sobretudo no mar, daquilo que Tífon representaria no universo caso fosse vencedor. Tivesse Tífon derrotado Zeus, um mal sem remédio, um mal absoluto teria invadido o universo. Agora ele foi derrotado, posto fora de combate, mas algo dele ainda resta, não mais entre os deuses, e sim entre os pobres humanos. De Tífon surgem inesperadamente, de modo imprevisível, ventos terríveis, que nunca sopram numa só direção como os outros ventos. O Noto, o Bóreas ou o Zéfiro são ventos regulares, ligados à estrela da manhã ou à estrela da noite. Nesse sentido, são filhos dos deuses. Indicam aos marinheiros as rotas da navegação, traçam como que imensas avenidas aéreas na superfície da terra ou do mar. Na água, que é um espaço infinito, como um Caos líquido, os ventos regulares indicam direções certas, graças às quais os navegadores conseguem se salvar. Esses ventos sopram sempre na mesma direção, mas também são ventos de estação. O Bóreas sopra em determinada época, o Zéfiro em outra, de modo que os navegadores, quando têm de partir, sabem qual é a época propícia para uma viagem nesta ou naquela direção.

Opondo-se totalmente a eles, há os ventos que são borrascas, ventanias carregadas de neblina. Quando se abatem sobre o mar, não se enxerga mais nada. De repente, é a noite que se extravia. Não há mais direção, não há mais referências estáveis. Não há mais oeste nem leste, alto nem baixo. Agarrados no meio desse espaço marítimo caótico, os navios se perdem, afundam. Esses ventos saem diretamente de Tífon, são a marca que ele continua a imprimir ao universo, primeiro nas rotas marítimas, mas também em terra firme. De fato, essas borrascas, absolutamente incompreensíveis e imprevisíveis, não sopram só na água, algumas destroem todas as colheitas, derrubam as árvores, liquidam com o trabalho dos homens. As plantações e as colheitas, pacientemente preparadas e acumuladas, são reduzidas a pó: Tífon é verdadeiramente um mal sem remédio.

Assim, vê-se que a vitória de Zeus não consegue exterminar de vez aquilo que Tífon representa como força caótica no cosmo. Os deuses do Olimpo o apartaram da esfera divina, mas o despacharam entre os homens, onde ele se junta com a discórdia, a guerra e a morte. Se os deuses expulsaram de seu terreno tudo o que pertence ao mundo do primordial e da desordem, nem por isso o aniquilaram: apenas o afastaram de si. Agora, é entre os homens que Tífon faz seus estragos, com uma violência brutal que os deixa inteiramente indefesos. Ele é um mal sem remédio, contra o qual, para retomar a fórmula dos gregos, não existe nenhum recurso.

A IDADE DE OURO: HOMENS E DEUSES

Zeus ocupa o trono do universo. Agora o mundo está ordenado. Os deuses disputaram entre si, alguns triunfaram. Tudo o que havia de ruim no céu etéreo foi expulso, ou para a prisão do Tártaro ou para a terra, entre os mortais. E os homens, o que acontece com eles? Quem são eles?

A história não começa exatamente na origem do mundo, mas no momento em que Zeus já é rei, isto é, no tempo em que o mundo divino se estabilizou. Os deuses não vivem só no Olimpo, partilham com os humanos áreas de terra. Mais especialmente, há um lugar na Grécia, perto de Corinto — uma planície em Mecona —, onde deuses e homens vivem juntos, misturados. Participam das mesmas refeições, sentam-se às mesmas mesas, festejam juntos, o que significa que, entre os homens e deuses reunidos, todo dia é dia de festa, de felicidade. Comem, bebem, alegram-se, escutam as musas cantarem a glória de Zeus e as aventuras dos deuses. Em suma, tudo corre às mil maravilhas.

A planície de Mecona é uma terra de riqueza e abundância. Ali, tudo cresce espontaneamente. Segundo o provérbio, basta ter um lote de terra nesse vale para que surja a riqueza, pois ele não está sujeito aos contratempos das intempéries nem das estações do ano. Idade de ouro, quando os deuses e os homens ainda não estavam separados, idade de ouro que às vezes também se chama o tempo de Crono, esse tempo é anterior à luta que se desata entre Crono, com os Titãs, e Zeus, com os Olímpios, quando o mundo divino ainda não está entregue à violência brutal. É a paz, é um tempo de antes do tempo. E os homens têm aí seu lugar. Como vivem? Não só, conforme vimos, sentando-se à mesa para o mesmo festim dos deuses, mas também sem conhecer nenhum dos males que hoje fustigam a raça dos mortais, dos efêmeros, dos que vivem um dia depois do outro sem saber como será o amanhã nem sentir verdadeira continuidade com o que aconteceu ontem, e que não param de mudar, nascem, crescem, ficam fortes, enfraquecem, morrem.

Naquele tempo, os homens permaneciam jovens, com braços e pernas sempre iguais ao que eram desde o início. Para eles, não havia nascimento no sentido próprio da palavra. Talvez surgissem de Terra. Talvez Gaia, Mãe-Terra, os tenha posto no mundo, assim como pôs no mundo os deuses. Talvez, mais simplesmente, sem que se tenha colocado o problema dessa origem, eles estivessem lá, misturados com os deuses, iguais aos deuses. Naquela época, os homens, sempre jovens, não conheciam o nascimento nem a morte. Não padeciam do tempo que deteriora as forças, que faz envelhecer. Ao fim de centenas, talvez até de miríades de anos, sempre semelhantes ao que eram na flor da idade, eles adormeciam, desapareciam como haviam aparecido. Já não estavam lá, mas não era propriamente a morte. Naquele tempo, não havia trabalho, nem doença, nem sofrimento. Os homens não precisavam lavrar a terra: em Mecona, tinham à sua disposição todos os alimentos, todos os bens. A vida se assemelha ao que certos relatos contam dos etíopes: uma mesa ao sol espera-os toda manhã, ali encontram o que beber e comer, tudo está servido. Não só os alimentos, as carnes sempre prontas, e os trigos que crescem sem ser plantados, mas, além disso, os pratos já se apresentam cozidos. A natureza oferece de forma espontânea e natural todos os bens da vida doméstica mais requintada, mais civilizada. É assim que vivem os homens nesses tempos distantes. Eles conhecem a felicidade.

As mulheres ainda não foram criadas. Há feminino, há deusas, mas não há mulheres mortais. Os humanos são só machos: assim como não conhecem as doenças, a velhice, a morte e o trabalho, também não conhecem a união com as mulheres. Desde o momento em que um homem, para ter um filho, tem que se unir a uma mulher que lhe é ao mesmo tempo semelhante e diferente, o nascimento e a morte tornam-se a sina da humanidade. O nascimento e a morte formam dois estágios de uma existência. Para que não haja morte, não deve haver nascimento.

Em Mecona, os deuses e os homens vivem juntos, estão reunidos, mas chegou a hora da separação. Esta ocorre depois que os deuses fazem entre si sua grande partilha. Primeiro, foi com violência que resolveram a questão das honrarias e dos privilégios reservados a cada um. Entre os Titãs e os Olímpios, a partilha resultou de uma luta em que primaram a força e a dominação bruta. Concluída essa primeira partilha, os Olímpios mandaram os Titãs para o Tártaro, fechando às suas costas as portas dessa prisão subterrânea e noturna, e depois se instalaram juntos bem no alto do céu. Foi preciso resolver os problemas entre eles. Zeus ficou encarregado de fazer a partilha dos poderes, não mais impondo-a pela violência bruta, mas graças a um acordo consensual entre todos os deuses do Olimpo. Entre os deuses a repartição se faz ao fim de um conflito aberto ou de um acordo, se não entre iguais, pelo menos entre aliados e parentes, solidários de uma mesma causa, partícipes de um mesmo combate.

O mundo dos humanos

PROMETEU, O ARDILOSO

Como dividir os espaços entre os deuses e os homens? Agora, o uso da violência bruta já é impensável. Os humanos são fracos demais, bastaria um peteleco para reduzi-los a nada. Mas os imortais também não podem entrar num acordo com os mortais, como se faria entre pares. Impõe-se então uma solução que não resulte de um acúmulo de força nem de um entendimento entre iguais. Para realizar tal processo, necessariamente bastardo, oblíquo, Zeus apela para um personagem que se chama Prometeu. Ele também tem algo a ver com esse método estranho que será empregado para dividir deuses e homens e acabar com a competição entre eles. Por que é Prometeu quem protagoniza a situação? Porque, no mundo dos deuses, tem um estatuto ambíguo, mal definido, paradoxal. Chamam-no Titã. Na verdade, é filho de Jápeto, que é irmão de Crono. Portanto, seu pai é que é um Titã. Prometeu não é propriamente um deles, mas tampouco é um Olímpio, pois pertence a uma linhagem diferente. Tem uma natureza titanesca, como o irmão Atlas, que também será punido por Zeus.

Prometeu possui um espírito de rebelião, esperto e indisciplinado, está sempre pronto para criticar. Por que Zeus o encarrega de resolver esse problema? Porque, sendo e não sendo um Titã, Prometeu não combateu com os Titãs contra Zeus. Adotou uma posição de neutralidade, não participou do combate. Dizem até, em outras tradições, que Prometeu ajudou Zeus e que, sem os conselhos que lhe deu — porque é um ardiloso, um esperto —, este não teria tido sucesso. Nesse sentido, é um aliado de Zeus. Um aliado mas não um partidário: não é da facção de Zeus, é autônomo, age por conta própria.

Zeus e Prometeu têm vários traços em comum no plano da inteligência e do espírito. Ambos se definem como um espírito sutil, astuto, tendo essa qualidade que Atena vai representar entre os deuses e que Ulisses encarna entre os homens: a esperteza. O esperto consegue se dar bem em situações que parecem de absoluto desespero, consegue encontrar uma saída ali onde tudo parece bloqueado, e, para realizar seus objetivos, não hesita em mentir, em preparar armadilhas para o adversário, em utilizar todas as artimanhas imagináveis. Zeus é assim e Prometeu também. Têm essa qualidade em comum. Ao mesmo tempo, há entre eles uma distância infinita. Zeus é um rei, um soberano que concentra toda a força em suas mãos. Nesse plano, Prometeu não tem a menor rivalidade com Zeus. Os Titãs eram rivais dos deuses do Olimpo, e Crono era rival de Zeus: queria manter-se no trono, o qual Zeus pretendia ocupar. Prometeu nunca pensa em ser rei, em nenhum momento está competindo com Zeus. Prometeu pertence ao mundo que Zeus criou — esse mundo da repartição, hierárquico, ordenado em patamares, com diferenças de estatutos e honrarias —, mas nele ocupa um lugar muito difícil de definir. Mais complexo ainda na medida em que Zeus o condenará e mandará acorrentá-lo, antes de soltá-lo e reconciliar-se com ele, o que marca seu destino pessoal com um movimento oscilatório de ida e volta entre a hostilidade e a harmonia. Em suma, pode-se dizer que Prometeu exprime nesse universo ordenado a contestação interna. Não quer tomar o lugar de Zeus, mas na ordem que este instituiu é uma vozinha de contestação, como se liderasse no Olimpo — no mundo divino — uma espécie de movimento estudantil de maio de 1968.

Prometeu tem uma relação de cumplicidade, de conaturalidade com os homens. Seu estatuto se aproxima das criaturas humanas, pois estas também são ambíguas, têm um aspecto de divindade — no início, dividiam sua vida com os deuses — e ao mesmo tempo um aspecto de animalidade, de bestialidade. Assim sendo, também há entre os homens, como em Prometeu, aspectos contraditórios.

UMA PARTIDA DE XADREZ

Vejamos a cena. Os deuses e os homens estão reunidos, como de costume. Zeus está ali, na primeira fila, e encarrega Prometeu de proceder à repartição. Como este vai agir? Traz um grande bovídeo, um touro fantástico, que ele mata e depois retalha. Corta o animal em duas partes, não em três. Cada porção, devidamente preparada por Prometeu, vai determinar a diferença de estatuto entre deuses e homens. Isto é, na fronteira desse corte vai se delinear a fronteira que separa os homens dos deuses.

Prometeu age como num sacrifício grego corrente: mata o animal, retira a pele, e depois começa o corte. A primeira operação consiste em descarnar inteiramente os ossos compridos, os dos membros anteriores e posteriores, os *ostéa leuká*, que são limpos para retirar toda a carne que os envolve. Terminado esse trabalho, Prometeu junta todos os ossos do bicho. Com eles forma um monte, que envolve em uma fina camada de gordura branca e apetitosa. Está pronto o primeiro pacote. Em seguida, prepara o segundo. Neste, Prometeu coloca todas as *kréa*, as carnes, tudo o que se come. Essa carne comestível é coberta com a pele do touro, e o pacote é posto na *gastér*, ou seja, no estômago, na barriga do animal, viscosa, feia e desagradável de se ver.

Assim se apresenta a divisão: de um lado, o sebo apetitoso envolvendo só os ossos nus; de outro, um bucho pouco apetitoso dentro do qual está tudo o que é bom para comer. Prometeu põe as duas partes na mesa, diante de Zeus. Dependendo da escolha deste, vai-se traçar de uma ou outra forma a fronteira entre os homens e os deuses. Zeus olha os montinhos e diz: "Ah! Prometeu, tu que és tão esperto, tão ardiloso, fizeste uma divisão muito desigual". Prometeu olha-o com um sorrisinho. Zeus, é claro, percebeu de antemão a astúcia, mas aceita as regras do jogo. Alguém propõe que ele escolha o primeiro, e assim ele faz. Com ar de absoluta satisfação, Zeus pega então a parte mais bonita, o pacote com o apetitoso sebo branco. Todos o olham, ele abre o embrulho e descobre os ossos brancos totalmente descarnados. Tem então um tremendo ataque de raiva contra aquele que quis ludibriá-lo.

Termina assim o primeiro ato da história, mas ainda há pelo menos outros dois. Ao fim desse primeiro episódio do relato define-se a forma como os homens se relacionam com os deuses, isto é, pelo sacrifício, tal como o que Prometeu fez ao retalhar o touro. No altar, fora do templo, queimam-se ervas aromáticas, que exalam uma fumaça perfumada. Em seguida, ali são depositados os ossos brancos. A parte dos deuses são os ossos brancos, besuntados de gordura brilhante, que sobe aos céus em forma de fumaça. Os homens, de seu lado, recebem o resto do touro, que vão consumir grelhado ou fervido. Outros pedaços de carne são postos em grandes panelas para cozinhar. Grelhar, ferver, cozinhar: doravante, os homens devem comer a carne dos animais sacrificados e mandar para os deuses a parte deles, isto é, a fumaça cheirosa.

Essa história é surpreendente porque parece indicar que Prometeu conseguiu tapear Zeus, dando aos homens a parte boa do sacrifício. Prometeu oferece aos homens a parte comestível, disfarçada e escondida sob uma aparência incomível, repugnante, e aos deuses, a parte não comestível, escondida e disfarçada sob a aparência de um apetitoso sebo brilhante. Ao fazer essa repartição, ele age como um mentiroso, pois as aparências são falsas. O que é bom está dissimulado sob o feio, e o que é ruim toma o aspecto do que é belo. Mas será que ele deu mesmo aos homens a melhor parte? Ainda aqui, tudo é ambíguo. É verdade que os homens recebem a parte comestível do animal sacrificado, mas é porque os mortais precisam comer. Sua condição é oposta à dos deuses, pois não podem viver sem se alimentar continuamente. Os homens não são autossuficientes, precisam extrair energia do mundo que os cerca, sem o que acabam morrendo. O que define os humanos é que eles comem o pão e a carne dos sacrifícios, e que bebem o vinho dos vinhedos. Os deuses não precisam comer. Não conhecem o pão, nem o vinho, nem a carne dos animais sacrificados. Vivem sem se alimentar, só absorvem pseudoalimentos, o néctar e a ambrosia, alimentos de imortalidade. Assim, a vitalidade dos deuses é de natureza distinta da humana. Esta é uma subvitalidade, uma subexistência, uma subforça: uma energia sujeita a eclipses, que precisa ser mantida eternamente. Mal faz um esforço, o ser humano se sente cansado, esgotado, faminto. Em outras palavras, na partilha feita por Prometeu, a melhor parte é realmente aquela que, sob a aparência mais apetitosa, esconde os ossos descarnados. Na verdade, os ossos brancos representam o que o animal ou o ser humano possui de verdadeiramente precioso, de não mortal; os ossos são imputrescíveis, formam a arquitetura do corpo. A carne se desfaz, se decompõe, mas o esqueleto representa o elemento de permanência. O que não é comestível no animal é o que não é mortal, é o imutável, é o que, por conseguinte, mais se aproxima do divino. Aos olhos dos que imaginaram essas histórias, os ossos são tão mais importantes na medida em que contêm o tutano, essa substância que para os gregos tinha a ver com o cérebro e também com o sêmen do homem. A medula óssea representa a vitalidade de um animal em sua continuidade, através das gerações, pois garante a fecundidade e a descendência. É sinal de que não somos indivíduos isolados, mas portadores de filhos.

Finalmente, o que é oferecido aos deuses por meio dessa mascarada inventada por Prometeu é a vitalidade do animal, ao passo que a carne que os homens recebem não passa de bicho morto. Os homens vão se deliciar com um naco de touro morto; é decisivo o caráter de mortalidade com que ficam marcados depois dessa divisão. De agora em diante, os humanos são os mortais, os efêmeros, contrariamente aos deuses, que são os não mortais. Por essa partilha de alimentos, os homens são marcados com o selo da mortalidade, enquanto os deuses o são com o da perenidade. E isso, Zeus enxergou muito bem.

Se Prometeu tivesse feito simplesmente dois montes, um com os ossos e outro com a carne, então Zeus poderia ter escolhido os ossos e a vida do animal. Mas, como tudo estava falseado pelas aparências enganadoras, como a carne estava escondida na *gastér*, na barriga, e os ossos estavam disfarçados com o sebo brilhante, Zeus viu que Prometeu queria enganá-lo. Portanto, decide castigá-lo. Naturalmente, nesse conflito de artimanhas que se forma entre Zeus e o Titã, cada um tenta tapear o outro, cada um joga contra o outro como numa partida de xadrez, com golpes baixos para desarmar o adversário, dar-lhe um xeque mate. Afinal, Zeus termina vencendo, embora tenha sido desequilibrado pelas astúcias do Titã.

UM FOGO MORTAL

É durante o segundo ato que Prometeu vai pagar por sua fraude. Zeus decide, a partir desse dia, esconder dos homens o fogo e, ao mesmo tempo, o trigo. Como num tabuleiro de xadrez, cada jogada responde a outra: Prometeu escondera a carne naquilo que era repugnante e os ossos naquilo que, ao contrário, parecia saboroso. Agora, Zeus vai se vingar. Na divisão entre os deuses e os homens, ele quer privar os homens do que até então tinham à sua disposição. Antes, eles dispunham livremente do fogo porque o fogo de Zeus, o fogo do raio, ficava na copa de certas árvores, os Freixos, onde bastava aos homens pegá-lo. O mesmo fogo circulava entre os deuses e os homens, graças a essas grandes árvores sobre as quais Zeus o colocava. Assim, os homens dispunham do fogo como dispunham dos alimentos, dos cereais, que cresciam espontaneamente, ou das carnes, que já chegavam cozidas. Zeus esconde o fogo, situação tanto mais desagradável porque, como os homens dispõem da carne do animal sacrificado, gostariam de poder cozinhá-la. Os mortais não são canibais, nem bichos selvagens que comem carne crua. Só podem comer a carne se estiver cozida, fervida ou assada.

Perder o fogo é uma catástrofe para os homens. Em seu coração, Zeus se alegra. Prometeu descobre então nova artimanha. Como quem não quer nada, sobe ao céu, como um viajante que passeia, com uma planta na mão: um galho de funcho, bem verde por fora. O funcho tem uma disposição particular e, de certa forma, sua estrutura é o contrário das outras árvores. Estas são secas por fora, do lado da casca, e úmidas por dentro, onde circula a seiva. Inversamente, o funcho é úmido e verde por fora, mas totalmente seco por dentro. Prometeu apanha uma semente do fogo de Zeus, *spérma pyrós*, e a enfia no funcho. Este começa a queimar por dentro ao longo de todo o caule. Prometeu volta para a terra, sempre como um viajante desinteressado que passeia à sombra do funcho. Mas dentro da planta o fogo arde. Prometeu dá aos homens esse fogo tirado de uma semente do fogo celeste. Então, eles acendem as fogueiras e cozinham a carne. Zeus, deitado no alto do céu, muito contente com o golpe que deu ao esconder o fogo, vê de repente o brilho das chamas em todas as casas. Fica furioso. Observe-se que, nesse caso, Prometeu utiliza o mesmo processo que usara para fazer a partilha do animal sacrificado. Mais uma vez joga com a oposição entre o dentro e o fora, com a diferença entre a aparência externa e a realidade interna.

Ao mesmo tempo que o fogo, Zeus escondera dos homens *bíos*, a vida. A vida, ou seja, o alimento da vida, os cereais, o trigo, a cevada. Não dá mais o fogo, não dá mais os cereais. Na época de Crono, no mundo de Mecona, o fogo estava à disposição dos homens na copa dos Freixos, os cereais cresciam sozinhos, não era preciso lavrar a terra. Não existia trabalho, não existia lavoura. O homem não devia participar ativamente da colheita de seus alimentos. Não estava submetido ao esforço, nem ao cansaço, nem à exaustão para conseguir os alimentos dos quais, justamente, sua vitalidade precisava. Agora, por escolha de Zeus, o que era espontâneo torna-se laborioso, difícil. O trigo está escondido.

Assim como Prometeu teve de dissimular uma semente de fogo em sua férula para transportá-la até os homens, os pobres humanos também terão de esconder a semente do trigo e os grãos de cevada no ventre da terra. Ali dentro precisam abrir um sulco e esconder a semente, para que a espiga germine. Em suma, repentinamente o que se torna necessário é a agricultura. Trata-se de ganhar o pão com o suor do rosto, transpirando nos sulcos onde são jogadas as sementes. Mas também será preciso guardar a semente de um ano para outro e não comer tudo o que se produz. O agricultor necessitará de vasos para estocar em casa as colheitas, que não deverão ser totalmente consumidas. Será indispensável uma reserva para que na primavera, no espaço difícil entre o inverno e a próxima colheita, os homens não fiquem desabastecidos.

Como havia o *spérma* do fogo, há o *spérma* do trigo. Agora os homens são obrigados a viver trabalhando. Redescobrem o fogo, mas esse fogo, assim como o trigo, já não é o de antes. O fogo que Zeus escondeu é o fogo celeste, esse que ele tem permanentemente na mão, é um fogo que nunca enfraquece, que nunca se apaga: um fogo imortal. O fogo de que os homens dispõem, a partir dessa semente de fogo, é um fogo que "nasceu", pois saiu de uma semente, e por conseguinte é um fogo que morre. Será preciso conservá-lo, vigiá-lo. Ora, esse fogo tem um apetite semelhante ao dos mortais. Se não for continuamente alimentado, morre. Os homens precisam dele, não só para se aquecer, mas também para comer. Ao contrário dos animais, não devoram carne crua, preparam-na, e isso segue um ritual com regras a serem respeitadas, entre elas a de que os alimentos devem estar cozidos.

Para os gregos, o trigo é uma planta cozida pelo calor do sol, e também pelo trabalho dos homens. Depois, é preciso cozinhá-lo na padaria, pondo-o no forno. Portanto, o fogo é de fato a marca da cultura humana. Esse fogo prometeico, roubado pela astúcia, é um fogo "técnico", um processo intelectual, que demarca a distância entre animais e homens, e consagra o caráter dos homens como criaturas civilizadas. Contudo, se esse fogo humano, ao contrário do divino, precisa se alimentar para viver, ele também se reveste do aspecto de um animal selvagem que, quando se enfurece, não pode mais parar. Tudo queima, tanto o alimento que lhe dão como as casas, as cidades, as florestas; é uma espécie de fera ardente, faminta e que nada satisfaz. Com seu caráter extraordinariamente ambíguo, o fogo salienta a especificidade do homem, lembra em permanência tanto sua origem divina como sua marca bestial, tem a ver com as duas coisas, assim como o próprio homem.

PANDORA OU A INVENÇÃO DA MULHER

Agora, pode-se imaginar que a história está concluída. Que nada! Inicia-se o terceiro ato. Os homens, é verdade, já têm a civilização, Prometeu entregou-lhes todas as técnicas. Antes de sua intervenção, eles viviam como formigas nas grutas, olhavam sem ver, ouviam sem escutar, não eram nada. E depois, graças a Prometeu, tornaram-se seres civilizados, diferentes dos animais e diferentes dos deuses. Mas as artimanhas da guerra entre Zeus e Prometeu não terminaram. Zeus escondeu o fogo, Prometeu o roubou; Zeus escondeu o trigo, os homens trabalham para ganhar seu pão. Contudo, Zeus ainda não está satisfeito, acha que o fracasso do adversário não é total. Zeus dá uma gargalhada, como gosta de fazer, e lhe reserva mais uma humilhação. Terceiro ato.

Convoca Hefesto, Atena, Afrodite e divindades menores, como as Horas, *Hôrai*. Manda Hefesto molhar a argila com água e modelar uma espécie de estátua com a figura de *parthénos*, ou seja, uma figura de mulher ou, mais exatamente, de donzela, de mulher pronta para o casamento mas ainda solteira, e, sobretudo, ainda sem filhos. Então, Hefesto começa a modelar uma espécie de estátua de feições graciosas de bela virgem. Depois, é a vez de Hermes dar vida a essa estátua, conferir-lhe força e a voz de um ser humano, bem como outras particularidades da qual falaremos mais adiante. Em seguida, Zeus pede a Atena e a Afrodite para vestirem essa estátua, prolongando a sua beleza com o brilho dos trajes típicos do corpo feminino, os enfeites, as joias, o corpete, o diadema. Atena lhe dá um manto maravilhoso, brilhante, luminoso como a gordura branca que envolvia os ossos na primeira sequência desse relato. A jovem donzela resplandece com todos os seus fulgores. Hefesto coloca sobre sua cabeça um diadema, de onde sai um véu de noiva. Esse diadema é ornamentado com um motivo animal representando todos os bichos que povoam o mundo, pássaros, peixes, tigres, leões. A fronte da jovem brilha com a vitalidade de todos os animais. Está esplêndida, *thaûma ídesthai*, uma maravilha que deixa qualquer um estarrecido de assombro e completamente apaixonado.

A primeira mulher está ali, diante dos deuses e dos homens ainda reunidos. É uma estátua fabricada, mas não à imagem de uma mulher, posto que ainda não existe nenhuma. É a primeira mulher, o arquétipo da mulher. O feminino já existia, porquanto havia as deusas. Essa criatura feminina é modelada como uma *parthénos*, à imagem das deusas imortais. Os deuses criam um ser feito de argila e água, ao qual imprimem a força de um homem, *sthénos*, e a voz de um ser humano, *phoné*. Mas Hermes também põe em sua boca palavras mentirosas, dota-a de um espírito de cadela e de um temperamento de ladra. Essa estátua, que é a primeira mulher, da qual saiu toda a "raça das mulheres", tem uma aparência externa enganadora, tal como certas partes do touro sacrificado ou como o funcho. É impossível contemplá-la sem se sentir maravilhado. Ela possui a beleza das deusas imortais, sua aparência é divina. Hesíodo conta isso muito bem. Ficamos extasiados com sua beleza, realçada pelas joias, o diadema, o vestido e o véu. Dela irradia-se a *kháris*, um charme infinito, um brilho que submerge e doma quem a vir. Sua *kháris* é infinita, múltipla, *pollè kháris*. Homens e deuses dobram-se a seu encanto. Mas por dentro esconde-se outra coisa. Sua voz vai lhe permitir conversar e tornar-se a companheira do homem, seu dublê humano. Mas a palavra é dada a essa mulher não para dizer a verdade e expressar seus sentimentos, e sim para contar mentiras e esconder suas emoções.

Na descendência de Noite haviam nascido todos os males, a morte, as matanças, as Erínias, é claro, mas também entidades que poderíamos traduzir como "palavras mentirosas ou sedutoras", "união ou ternura amorosa". Ora, desde seu nascimento, Afrodite também vem acompanhada de palavras mentirosas e sedução amorosa. O mais noturno e o mais luminoso, o que resplandece de felicidade e a luta mais sombria juntam-se na forma dessas mentiras, dessa sedução amorosa. Assim, ali está Pandora: luminosa como Afrodite, mas semelhante a uma filha de Noite; feita de mentiras e faceirice. Zeus não cria essa *parthénos* para os deuses, mas só para os mortais. Assim como se livrara da disputa e da violência enviando-as para os mortais, assim também Zeus lhes destina essa figura feminina.

Prometeu vê-se de novo derrotado. Compreende de imediato o que está diante do pobre gênero humano que ele tentou favorecer. Como seu nome indica, Pro-meteu é aquele que compreende antecipadamente, aquele que prevê, ao passo que seu irmão, que se chama Epi-meteu, é aquele que compreende depois, *epí*, tarde demais, é aquele que está sempre furioso e decepcionado por nada ter percebido de antemão. Nós, pobres e infelizes mortais, somos sempre, a um só tempo, prometeicos e epimeteicos, previmos, fazemos nossos planos, mas volta e meia as coisas se passam contrariamente às nossas expectativas, surpreendendo-nos e deixando-nos indefesos. Ora, Prometeu compreende o que vai acontecer e previne o irmão, dizendo-lhe: "Escuta, Epimeteu, se por acaso os deuses te enviarem um presente, não aceites, e manda-o de volta". Claro, Epimeteu jura que não vai ser enganado. Mas eis que os deuses reunidos lhe enviam a criatura mais encantadora que existe. Ela bate à sua porta e Epimeteu, maravilhado, fascinado, abre e manda-a entrar. No dia seguinte, está casado e Pandora está instalada como esposa, entre os humanos. Assim começam todas as nossas desgraças.

Agora a humanidade é dupla, não é mais constituída unicamente do gênero masculino. É composta de dois sexos diferentes, ambos necessários à descendência humana. Desde que a mulher foi criada pelos deuses, os homens já não estão no mundo espontaneamente, mas nascem das mulheres. Para se reproduzirem, os mortais têm de se acasalar, e isso dá início a um movimento diferente do tempo.

Por que, segundo os relatos gregos, Pandora, a primeira mulher, tem um espírito execrável e um temperamento de ladra? Isso tem a ver com as duas primeiras partes deste relato. Os homens já não dispõem naturalmente do trigo e do fogo como antes, sem esforço e em permanência. Agora, o trabalho faz parte de sua existência: levam uma vida difícil, apertada, precária. Têm de estar sempre pensando em restrições. O camponês dá duro em sua lavoura e não colhe muita coisa. Os homens nunca dispõem de um bem com fartura; portanto, precisam ser econômicos, prudentes, para não gastar mais que o necessário. Ora, essa Pandora, como todo o *génos*, toda a "raça" das mulheres que dela sairá, tem justamente a característica de viver insatisfeita, sempre a reivindicar, incontinente. Não se satisfaz com o pouco que existe. Quer se fartar, ter o máximo. É o que expressa o relato quando esclarece que Hermes lhe atribuiu um espírito execrável. Sua mesquinhez é de duas ordens. Primeiro, ela é mesquinha diante dos alimentos. Pandora tem um apetite feroz, não para de comer, tem que estar sempre à mesa. Talvez tenha uma vaga lembrança ou sonhe com aquela época abençoada da idade de ouro, em Mecona, onde os homens estavam sempre à mesa, sem ter mais nada a fazer. Em cada lar onde existe uma mulher, instala-se uma fome insaciável, devoradora. Nesse sentido, a situação lembra a das colmeias. De um lado, há abelhas operárias que desde a manhã voam para os campos, pousam em todas as flores e colhem o mel que trazem para a colmeia. De outro lado, há os zangões que nunca saem de casa e que também nunca estão satisfeitos. Consomem todo o mel que as operárias colheram pacientemente lá fora. Assim também acontece nas casas das criaturas humanas, pois de um lado há os homens que suam nos campos, dão duro para abrir sulcos, vigiar e depois colher os grãos, e de outro, dentro das casas, há mulheres que, como os zangões, devoram a colheita.

Não só devoram e esgotam todas as reservas, mas é essa a razão principal que leva a mulher a tentar seduzir um homem. O que ela quer é o celeiro. Com a habilidade de seu discurso sedutor, de seu espírito mentiroso, de seus sorrisos e de sua "anca empetecada", nas palavras de Hesíodo, ela faz para o jovem solteiro suas poses de sedutora, mas na verdade está de olho na reserva de trigo. E todo homem, como Epimeteu antes dele, fica boquiaberto, maravilhado com sua aparência, e se deixa agarrar.

As mulheres não só têm esse apetite alimentício que arruína a saúde do marido, porque ele nunca traz comida suficiente para casa, mas além disso têm um apetite sexual particularmente devorador. Clitemnestra e outras esposas conhecidas por terem enganado o marido vivem dizendo que elas eram a cadela que tomava conta da casa. Obviamente, esse temperamento de cadela deve ser entendido no sentido sexual.

As mulheres, mesmo as melhores, as que possuem um temperamento comedido, têm a característica de, segundo contam os gregos, terem sido fabricadas com argila e água. Por isso, seu temperamento pertence ao universo úmido, ao passo que os homens têm um temperamento mais próximo do seco, do quente, do fogo.

Em certas estações do ano, especialmente na que se chama canícula — a estação do cão, ou seja, quando Sírio, o Cão, é visível no céu, bem pertinho da Terra, pois o Sol e a Terra estão em conjunção —, quando faz um calor terrível, os homens, secos como são, esgotam-se e enfraquecem. As mulheres, ao contrário, graças à sua umidade, desabrocham. Exigem dos esposos uma assiduidade matrimonial que os deixa exauridos.

Se Prometeu urdiu uma artimanha para roubar o fogo de Zeus, atraiu para si mesmo uma réplica encarnada pela mulher, sinônimo de fogo ladrão, que Zeus criou para infernizar a vida dos homens. Na verdade, a mulher, a esposa, é um fogo que queima o marido continuamente, dia após dia, que o resseca e o envelhece prematuramente. Pandora é um fogo que Zeus introduziu nas casas e que queima os homens sem que seja preciso acender qualquer chama. Fogo que rouba corresponde a fogo que foi roubado. Nessas condições, o que fazer? Se a mulher fosse apenas esse espírito miserável, essa mentirosa que fica de olho grande nos celeiros, com sua "anca empetecada", e que faz os maridos morrerem de velhice, estes provavelmente tentariam viver sem esposas. Mas aqui também se opõem o dentro e o fora. Por seu apetite animal, alimentício e sexual, a mulher é uma *gastér*, uma barriga, um ventre. De certa forma, representa a animalidade da espécie humana, sua parcela de bestialidade. Na qualidade de *gastér*, engole todas as riquezas do marido. Quando Prometeu escondeu o monte de comida reservada aos homens na *gastér* do touro, não imaginava estar agindo tão acertadamente. Mais uma vez ele é vítima de suas próprias astúcias. Agora, o dilema é o seguinte: se um homem se casa, sua vida será um relativo inferno, sem a menor dúvida, a não ser que ele descubra uma excelente esposa, o que é raríssimo. Portanto, a vida conjugal é um inferno, é um acúmulo de desgraças. Em compensação, se um homem não se casa, poderia ter uma vida feliz, teria tudo com fartura, nunca lhe faltaria nada, mas, na hora de morrer, para quem iriam seus bens acumulados? Seriam dispersados e iriam parar nas mãos dos parentes colaterais, por quem ele não tem nenhum afeto especial. Se ele se casa, é a catástrofe, e, se não se casa, é outra forma de catástrofe.

A mulher é dupla. Ela é essa barriga que engole tudo o que o esposo colheu a duras penas, à custa do suor de seu rosto, de seu cansaço e de seu trabalho, mas esse ventre é também o único que pode produzir o que prolonga a vida de um homem, isto é, um filho. O ventre da mulher representa, contraditoriamente, a parte noturna da vida humana, o esgotamento, mas também a parte de Afrodite, esta que traz nascimentos novos. A esposa encarna a voracidade que destrói e a fecundidade que produz. Resume todas as contradições de nossa existência. Como o fogo, é a marca do que é propriamente humano, pois só os homens se casam. O casamento diferencia os homens dos animais, os quais se acasalam assim como se alimentam, ao acaso dos encontros, de qualquer jeito. Portanto, a mulher é a marca de uma vida civilizada; ao mesmo tempo, foi criada à imagem das deusas imortais. Quando se olha uma mulher, vê-se Afrodite, Hera, Atena. Ela é de certa maneira a presença do divino nesta terra, por sua beleza, sedução, por sua *kháris*. A mulher reúne as desgraças da vida humana e seu aspecto divino. Oscila entre os deuses e os bichos, o que é próprio da humanidade.

O TEMPO QUE PASSA

Voltemos à história de forma mais anedótica. Pandora entra na casa de Epimeteu e se torna a primeira esposa humana. Zeus cochicha em seu ouvido o que ela deve fazer. Na casa de Epimeteu, como na de todo lavrador grego, há uma quantidade de vasos e, entre eles, um grande, escondido, no qual não se pode tocar. De onde vem ele? Dizem que os Sátiros o trouxeram, mas isso não é certo. Um dia, quando o marido sai de casa, Zeus sopra a Pandora que destampe esse vaso, e depois tampe-o de novo, imediatamente. Assim faz ela. Aproxima-se dos inúmeros vasos. Alguns contêm vinho, outros, trigo ou óleo, todas as reservas de mantimentos estão reunidas ali. Pandora levanta a tampa do vaso escondido e, no mesmo instante, todos os males, todas as coisas ruins espalham-se pelo universo. Quando torna a tampá-lo, ainda fica dentro do vaso *elpís*, ou seja, a esperança, a expectativa do que vai acontecer.

Assim, todos os males estão no mundo por causa de Pandora. Era a própria presença de Pandora que encarnava todos os males, e agora o vaso aberto multiplicou-os ainda mais. Quais são esses males? Há milhares: o cansaço, as doenças, a morte, os acidentes. As desgraças são incrivelmente móveis, vivem se mexendo, vão para todos os lados, nunca ficam quietas em seu lugar. Não são visíveis, não têm forma, são inaudíveis, ao contrário de Pandora, que é deliciosamente visível e de voz agradável. Zeus negou-se a dar a esses males uma figura e uma voz, a fim de que os homens não pudessem se prevenir contra eles, nem afastá-los. Os males que os homens tentariam evitar, porque sabem que são detestáveis, permanecem escondidos no invisível, indiscerníveis. O mal que vemos e ouvimos — a mulher, disfarçada pela sedução de sua beleza, de sua doçura, de suas palavras — nos atrai e nos encanta, em vez de nos apavorar. Um dos traços da existência humana é a dissociação entre as aparências daquilo que se deixa ver e escutar, e as realidades. Essa é a condição dos homens tal como Zeus a preparou, em resposta às artimanhas de Prometeu.

Este, aliás, não tem um final muito feliz, pois Zeus vai prendê-lo entre o céu e a terra, a meia altura de um rochedo, onde o acorrenta e o amarra. Prometeu, que entregara às criaturas humanas o alimento mortal que é a carne, serve agora de alimento para a ave de Zeus, a águia portadora de seu raio, mensageira de sua força invencível. É ele, Prometeu, que se torna a vítima, com o naco de carne retalhado em seu corpo. Todos os dias a águia de Zeus devora seu fígado, nada sobra. Durante a noite, o fígado se reconstitui. Todo dia a águia se nutre da carne de Prometeu, e toda noite esta se recompõe para que, na manhã seguinte, a águia encontre intacto seu pitéu. Assim acontecerá até que Héracles liberte Prometeu, com a anuência de Zeus. Prometeu recebe uma forma de imortalidade em troca da morte do centauro Quíron. Este, herói civilizador que ensinou a Aquiles e a tantos outros a serem heróis perfeitos, foi ferido, está sofrendo e seu ferimento não tem cura. Ele não consegue morrer, embora seja este o seu desejo. Assim, ocorre uma troca. Dá-se a morte a Quíron, e sua imortalidade é oferecida a Prometeu. Um e outro são libertados.

Prometeu é castigado por onde pecou. Quis oferecer aos mortais a carne, e especialmente o fígado, que representa uma víscera de grande valor no animal sacrificado, pois é nesse órgão que se pode ler se os deuses aceitam o sacrifício feito. Agora, por intermédio de seu fígado, Prometeu se torna alimento predileto da águia de Zeus. Essa águia é o símbolo do raio divino, é o porta-fogo de Zeus, fulminante. De certa forma, o fogo roubado pelo Titã reaparece em seu fígado, onde se delicia num festim sempre renovado.

Além disso, há um detalhe muito significativo. Prometeu é uma criatura ambígua, seu lugar no mundo divino não é claro. A história desse fígado, que é devorado todo dia e que de noite se reconstitui e torna a ser igual a si mesmo, mostra que há pelo menos três tipos de tempo e de vitalidade. Há o tempo dos deuses, a eternidade em que nada acontece, tudo já está lá, nada desaparece. Há o tempo dos homens, que é linear, sempre no mesmo sentido, pois o homem nasce, cresce, é adulto, envelhece e morre. Todos os seres vivos se submetem a isso. Como diz Platão, é um tempo que anda em linha reta. Há, por fim, um terceiro tempo, apresentado pelo episódio do fígado de Prometeu. É um tempo circular ou em zigue-zague. Indica uma existência semelhante à da lua, por exemplo, que cresce, morre e renasce, indefinidamente. Esse tempo prometeico lembra o movimento dos astros, isto é, esses movimentos circulares que se inscrevem no tempo, que por seu intermédio permitem medir o tempo. Não é a eternidade dos deuses, não é tampouco o tempo terrestre, o tempo mortal, que segue sempre na mesma direção. É um tempo do qual os filósofos poderão dizer que é a imagem móvel da eternidade imóvel. Assim como seu fígado, o personagem de Prometeu também está dividido entre o tempo linear dos homens e o ser eterno dos deuses. Sua função de mediador nessa história aparece muito claramente. Aliás, ele é posto entre o céu e a terra, a meia altura de um penhasco, entre dois extremos. Representa a fronteira entre a época muito distante em que, num cosmo organizado, ainda não havia tempo, em que os deuses e os homens estavam misturados, em que a não morte — a imortalidade — reinava, e a época dos mortais, agora separados dos deuses, sujeitos à morte e ao tempo que passa. O fígado de Prometeu é feito à imagem dos astros, é semelhante ao que dá ritmo e medida à eternidade divina e que tem assim um papel de mediação entre o mundo divino e o mundo humano.

A guerra de Troia

Ao contrário do que pretendeu Jean Giraudoux, a guerra de Troia realmente aconteceu. Contá-la depois do poeta que a fez conhecida, Homero, é quase inútil! Não poderia ser mais do que um mau resumo. Em compensação, talvez se possa tentar fazer o relato das razões e do significado desse conflito. O enfrentamento tem suas raízes num passado muito antigo. Para tentar compreender, é preciso se deslocar até certas montanhas que figuram nas origens desse drama vivido pelos mortais. Há o Pélion, na Grécia, e também o monte Ida, em Tróada, e o Taígeto, em Esparta. São montanhas altíssimas, isto é, lugares onde a distância entre os deuses e os homens é menor do que em outras partes, e onde, sem estarem totalmente apagadas, as fronteiras entre mortais e imortais tornam-se de certa forma porosas. Vez por outra dá-se um contato entre o divino e o humano. Ocasionalmente — e será o caso na guerra de Troia —, os deuses aproveitam essa proximidade, esses encontros nos cumes, para transmitir aos homens os males, as catástrofes das quais querem se livrar, expulsando-as do campo luminoso onde estabeleceram suas moradas e fixando-as na superfície da terra.

Assim, tudo começa no Pélion, com as bodas de Peleu, rei da Ftia, e de Tétis, a Nereida. Como suas cinquenta irmãs, que povoam com sua presença simpática e graciosa a superfície das águas e as profundezas do mar, Tétis é filha de Nereu, o chamado "velho do mar". Nereu, por sua vez, é filho de Ponto, Onda do Mar, que Gaia gerou junto com Urano, na origem do universo. Por sua mãe Dóris, as Nereidas descendem de Oceano, o rio cósmico primordial, que envolve o universo mantendo-o apertado na rede circular de suas águas. Tétis é talvez, junto com Anfitrite, uma das Nereidas mais representativas. Como outras deusas marinhas, possui um incrível dom de metamorfose. Pode assumir todas as formas, virar leão, chama, palmeira, pássaro, peixe. Possui um vasto registro de transformações. Deusa marinha, ela é, como a água, toda fluida, nenhuma forma a cerceia. Pode sempre passar de uma aparência a outra, escapar do próprio aspecto, como a água que se esvai entre os dedos sem que se consiga retê-la. Essa deusa, talvez justamente por causa de sua extrema flexibilidade, de sua fluidez incapturável, representa aos olhos dos gregos uma força que só poucas divindades conseguiram herdar. É o caso, muito em especial, da deusa Mêtis, que Zeus desposou em primeiras núpcias. Como vimos, Zeus não só casou com Mêtis, entre outras deusas, mas fez dela sua primeira companheira, pois sabia que, exatamente por suas incríveis qualidades de flexibilidade, finura e fluidez, o filho que teria com Mêtis seria um dia mais esperto e poderoso que ele. Por isso é que, mal engravidou a deusa, Zeus tratou de engoli-la, apelando para todas as astúcias, a fim de que Mêtis ficasse dentro dele. É Atena que vai nascer dessa união, e não haverá nenhum outro filho.

A força ondulante e sutil que Mêtis representa está, pois, totalmente incorporada à pessoa de Zeus. Além disso, sendo Atena a única descendente direta, Zeus não terá filho homem que, chegada a hora, derrotará o pai. Assim se inverte o que é propriamente a sina dos humanos: por mais forte, poderoso, inteligente e soberano que seja um homem, chega o dia em que o tempo o destrói, a idade lhe pesa e que, por conseguinte, o rebento por ele gerado, o menininho que pulava em seus joelhos, que ele protegia e alimentava, torna-se um homem mais forte que o pai e destinado a tomar seu lugar. Enquanto isso, no mundo dos deuses, uma vez Zeus instalado e estabelecido, nada nem ninguém terá o poder para afastá-lo e ocupar seu trono.

Com seu dom e sua magia da metamorfose, Tétis é um encanto de criatura, extremamente sedutora. Dois deuses maiores são apaixonados por ela: Zeus e Posêidon. Brigam por Tétis e ambos esperam desposá-la. No conflito que opõe Zeus e Prometeu nesse mundo divino, a arma que o Titã guarda em reserva, a carta que tem na manga, é que ele, e só ele, conhece o terrível segredo: se Zeus realizar seu desejo, se conseguir se unir a Tétis, o filho deles lhe infligirá um dia o que ele mesmo infligiu a seu pai Crono, e este a seu pai Urano. E, nesse caso, a luta das gerações, a rivalidade que opõe moços e velhos, o filho e o pai, interviria para sempre no mundo divino e questionaria a ordem que Zeus quis que fosse imutável, tal qual, como soberano do universo, a instituiu.

Como esse segredo chega aos ouvidos de Zeus? Um dos relatos diz que Prometeu se reconcilia com Zeus e que Héracles, com a anuência dos deuses, vai soltar o Titã, com a condição de que aceite revelar o segredo. Assim, Zeus é avisado do perigo, e Posêidon também. E então os deuses desistem de se unir a Tétis. Será que a deusa ficará eternamente virgem e jamais conhecerá o amor? Não, os deuses são magnânimos, e vão jogar para cima dos homens essa fatalidade que faz com que, chegada a hora, seja preciso ceder lugar aos moços. Tétis gerará um filho mortal, extraordinário de todos os pontos de vista, e que em todos os aspectos superará o pai: um herói modelo, que representa, no mundo dos homens, o clímax das virtudes guerreiras. Ele será o melhor, o inigualável. Quem é essa criança? Aquiles, filho de Tétis e Peleu. É um dos personagens maiores da guerra de Troia, cujo estopim decorre de toda essa história.

O CASAMENTO DE PELEU

Assim, Zeus e os deuses resolvem por unanimidade que o tessálico Peleu, rei da Ftia, deve se casar com Tétis. Como conseguir o acordo da deusa? Como convencê-la a decair ao se casar com um simples mortal, mesmo se tratando de um rei? Não cabe aos deuses intervir e impor a uma congênere um casamento tão desigual como esse. Portanto, Peleu tem de se arranjar sozinho e conquistar sua esposa, fazendo como outros heróis que conseguiram subjugar divindades marinhas e delas arrancar o que desejavam. Assim fez Menelau, ao lutar vitoriosamente contra Proteu e suas metamorfoses. Peleu terá de sequestrar Tétis para que, conforme o rito, ela passe da morada marinha onde reside à casa, ao palácio, ao lar do futuro esposo.

Um belo dia, eis que Peleu vai até a beira do mar. Vê Tétis, fala com ela e agarra-a pelos braços, puxando-a contra si. Para escapar, ela assume todas as formas. Peleu está prevenido: com essas divindades ondulantes e dadas a metamorfoses, a única coisa a fazer é aprisioná-las com um abraço que não ceda. Para imobilizar a divindade, é preciso fazer um gesto circular com os braços, as duas mãos bem agarradas uma na outra, quaisquer que sejam as formas que ela possa assumir — um javali, um poderoso leão, uma chama ardente ou a água —, e não largá-la em nenhuma hipótese. Só assim é que a divindade derrotada desiste de usar o arsenal de formas de que dispõe, e que não é infinito. Depois de percorrer todo o ciclo das aparências que pode assumir, ela volta à sua forma primeira, autêntica, de jovem e bela deusa: é vencida. A última forma que Tétis assume para se livrar do abraço que a prende é a de uma lula. Desde então, a lingueta de terra que avança pelo mar, e que foi onde se travou a luta pré-nupcial de Peleu e Tétis, tem o nome de cabo Sepíada. Por que uma sépia, ou seja, uma lula? Porque, na hora em que querem agarrá-la, ou quando um animal marinho a ameaça, ela costuma soltar na água em torno de si uma tinta preta que a esconde por completo, de tal modo que ela desaparece como que afogada numa escuridão produzida e espalhada por ela mesma. É o último trunfo de Tétis: assim como a lula, ela solta tinta. Envolto nesse negrume total, Peleu resiste, não larga sua presa e, finalmente, Tétis é que tem de ceder. O casamento acaba se realizando. É celebrado, justamente, no alto do monte Pélion. Este não é apenas um monte que aproxima os deuses e os homens, que os reúne ao fim de um intercâmbio desigual. O que os deuses enviam a Peleu, por intermédio do privilégio de se unir a uma deusa, são todos os riscos que esse casamento representava para os imortais, e que eles não querem mais correr, preferindo, de um jeito ou de outro, despachá--los para o mundo humano. Todos os deuses desceram do Olimpo, isto é, do céu etéreo, e estão ali reunidos nos picos do Pélion, onde se celebra o casamento.

A montanha não é só o ponto de encontro entre deuses e humanos. É também um lugar ambíguo, a morada dos Centauros, muito especialmente do centauro Quíron, o mais velho e mais ilustre deles. Os Centauros têm um estatuto ambivalente, uma posição ambígua: possuem cabeça de homem, um peito que já lembra o do cavalo, e um corpo de cavalo. São seres selvagens, subumanos, cruéis — capazes de se embriagar e raptores de mulheres — e ao mesmo tempo sobre-humanos, porque, como Quíron, representam um modelo de sabedoria, de coragem, de todas as virtudes que um jovem deve assimilar para se tornar um verdadeiro personagem heroico: caçar, saber manejar todas as armas, cantar, dançar, raciocinar, nunca perder o domínio de si. É isso que o centauro Quíron vai ensinar a diversos meninos e sobretudo a Aquiles. Assim, é nesse lugar onde os deuses se misturam aos homens, um lugar povoado de seres bestiais e também sobre-humanos, que se celebrará o casamento. Enquanto as Musas cantam o epitalâmio, canto nupcial, todos os deuses chegam com um presente. Peleu recebe uma lança de freixo, uma armadura que o próprio Hefesto forjou, dois cavalos maravilhosos, imortais — Bálio e Xanto. Nada pode atingi-los, são velozes como o vento, e ocasionalmente falam em vez de relinchar. Em certos momentos privilegiados, quando o destino de morte que os deuses quiseram para os homens surge ameaçador no campo de batalha, eles se revelam dotados de voz humana e dizem palavras proféticas como se os deuses distantes falassem por eles, bem pertinho. No combate entre Aquiles e Heitor, depois da derrota e da morte de Heitor, os cavalos se dirigirão a Aquiles para lhe anunciar que breve ele também vai morrer.

Em meio à alegria, ao canto, à dança e à generosidade que os deuses manifestam a Peleu em seu casamento, chega ao Pélion um personagem que não tinha sido convidado: a deusa Éris, a discórdia, o ciúme, o ódio. Ela surge em plenas núpcias e traz um magnífico presente de amor: uma maçã de ouro, garantia da paixão que se sente pelo ser amado. No meio da festa, diante de todos os deuses reunidos e se banqueteando, com os outros presentes bem visíveis, Éris atira no chão esse maravilhoso presente. Mas o fruto tem uma inscrição, um lema: "À mais bela". Ora, ali estão três deusas, todas convencidas, com absoluta certeza, de que o pomo é seu: Atena, Hera e Afrodite. Quem ganhará o fruto?

Essa maçã de ouro, essa maravilhosa joia resplandecente e luminosa, fica ali no alto do Pélion, esperando que alguém a apanhe. Deuses e homens estão reunidos, Peleu conseguiu capturar Tétis no anel formado por seus braços unidos, apesar de todos os sortilégios da deusa. Nesse momento surge esse pomo, que vai levar à guerra de Troia. As raízes dessa guerra não estão apenas nos acasos da história humana, pois resultam de uma situação bem mais complexa, que decorre da natureza das relações entre os deuses e os homens. Os deuses não querem conhecer o envelhecimento, a luta entre as sucessivas gerações; destinam tudo isso aos homens, ao mesmo tempo que lhes oferecem esposas divinas. Assim surge essa situação trágica: os homens não podem celebrar cerimônias de casamento independentemente das cerimônias de luto. No próprio matrimônio, na harmonia entre criaturas diferentes, como homens e mulheres, acham-se lado a lado Ares, deus da guerra, que separa e opõe, e Afrodite, que harmoniza e une. O amor, a paixão, a sedução e o prazer erótico são de certa forma a outra face da violência, do desejo de vencer o adversário. Se a união dos sexos produz a renovação das gerações, se os homens se reproduzem, se a terra é povoada graças a esses casamentos, no outro prato da balança há o fato de que eles se tornam numerosos demais.

Quando os gregos forem refletir sobre a guerra de Troia, dirão eventualmente que a verdadeira razão dessa guerra foi o fato de que, tendo os homens se multiplicado em massa, os deuses se irritaram com essa multidão buliçosa e quiseram purgar a face da terra — como nas histórias babilônicas em que os deuses resolvem enviar o dilúvio. Os homens são barulhentos demais. Há a zona etérea, silenciosa, onde os deuses se recolhem e se olham uns aos outros, e depois há esses humanos que se agitam, que se mexem sem parar, que se esgoelam e brigam. Então, aos olhos dos deuses, vez por outra uma boa guerra resolve o problema: retorna-se à calma.

TRÊS DEUSAS DIANTE DE UMA MAÇÃ DE OURO

Assim termina o primeiro ato do roteiro que vai levar à guerra de Troia. Quem conquistará, com a maçã, o prêmio da beleza divina? Os deuses não conseguem decidir. Se Zeus fizesse a escolha, uma só deusa ficaria satisfeita, em detrimento das duas outras. Como soberano imparcial, ele já fixou os poderes, os campos, os privilégios de cada uma das três deusas. Se Zeus der preferência a Hera, vão incriminá-lo por sua parcialidade em favor da esposa; se escolher Atena, vão invocar a fibra paterna; e, se ele se pronunciar por Afrodite, verão nisso a prova de que não consegue resistir ao desejo do amor. Nada na ordem das precedências favorece qualquer solução. Para ele, é impossível julgar. Mais uma vez, é um simples mortal que deverá se encarregar do assunto. Mais uma vez, os deuses vão empurrar para os homens a responsabilidade das decisões que eles se recusam a tomar, assim como lhes destinaram as desgraças ou as sinas funestas que não queriam para si mesmos.

Segundo ato. No monte Ida. É aí, em Tróada, que a juventude heroica se exercita. Tal como o Pélion, este é um local de grandes extensões agrestes, longe das cidades, dos campos cultivados, das terras dos vinhedos, dos vergéis, espaço de vida dura e rústica, de solidão sem outra companhia além dos pastores e seus rebanhos, de caça aos animais selvagens. O jovem, ele mesmo ainda um selvagem, deve fazer ali o aprendizado das virtudes da coragem, da resistência e do autodomínio, que tornam o homem heroico.

O personagem que foi escolhido para desempatar a competição entre as três deusas chama-se Páris. Tem um segundo nome, que é o de sua tenra idade: Alexandre. Páris é o filho caçula de Príamo e de sua esposa Hécuba. Quando Hermes, acompanhado pelas três deusas, desce ao cimo do monte Ida para pedir a Páris que arbitre e diga qual, a seus olhos, é a mais bela, o jovem está guardando os rebanhos reais de seu pai. Ele é uma espécie de rei-pastor ou de pastor real, muito jovem, um *koûros* ainda na flor da adolescência. Teve uma infância extraordinária. Seu pai, o rei Príamo, é senhor de Troia, essa grande cidade asiática na costa da Anatólia, muito rica, muito bonita, muito poderosa.

Logo antes de parir, Hécuba sonhou que estava dando à luz não um ser humano, mas uma tocha que incendiava a cidade de Troia. Naturalmente, perguntou ao adivinho, e a parentes conhecidos pela excelência na interpretação dos sonhos, o que isso significava. Deram-lhe um significado de certa forma evidente: esse filho será a morte de Troia, sua destruição pelo fogo e pelas chamas. O que fazer? O que faziam os antigos nesses casos, ou seja, fadar o filho à morte, sem matá-lo: abandoná-lo. Príamo confia a criança a um pastor para que ele a abandone, sem comida, sem cuidados, sem defesa, nesse mesmo lugar ermo onde a juventude heroica se exercita; não na planície cultivada e povoada, mas nos flancos da montanha afastada dos humanos e entregue às feras selvagens. Expor uma criança é fadá-la à morte, sem sujar de sangue as próprias mãos, é enviá-la ao além, é fazê-la desaparecer. Mas às vezes a criança não morre. Quando por acaso reaparece, apresenta qualidades que decorrem justamente do fato de que, destinada à morte, passou por essa prova e conseguiu se salvar. Ter cruzado, ao nascer, as portas da morte, e de forma vitoriosa, confere ao sobrevivente o brilho de um ser de exceção, de um eleito. O que aconteceu com Páris? Dizem que, primeiro, uma ursa o amamentou por alguns dias. A fêmea do urso, por seu modo de andar e cuidar dos filhotes, costuma ser vista como uma espécie de mãe humana. Ela alimenta o recém-nascido e, depois, os pastores, guardiães dos rebanhos do rei no monte Ida, o descobrem e o recolhem. Vão criá-lo no meio deles sem saber, é claro, de quem se trata. Chamam-no Alexandre e não Páris, nome que seu pai e sua mãe lhe tinham dado ao nascer.

Passam-se os anos. Um dia, um emissário do palácio vai buscar o touro mais bonito do rebanho real para um sacrifício funerário que Príamo e Hécuba querem fazer por esse filho que destinaram à morte, a fim de honrar o menino de quem tiveram de se separar. O touro é o preferido do jovem Alexandre, que resolve acompanhá-lo para tentar salvá-lo. Como toda vez em que há cerimônias fúnebres em homenagem a um defunto, há não só sacrifícios mas também jogos e competições, corrida, boxe, luta, arremesso de lança. Ao lado dos outros filhos de Príamo, o jovem Alexandre se inscreve para concorrer, contra a elite da juventude troiana. Vence todas as competições.

Todos ficam perplexos e perguntam quem é esse jovem pastor desconhecido, tão bonito, forte e hábil. Um dos filhos de Príamo, Deífobo — que reencontraremos no correr desta história —, se enfurece e resolve matar o intruso que derrotou todos os outros. Persegue o jovem Alexandre, que se refugia no templo de Zeus, onde também está a irmã deles, Cassandra, jovem donzela muito bonita por quem Apolo foi apaixonado, mas rejeitado. Para se vingar, esse deus deu a ela um dom infalível de adivinhação, que, contudo, não lhe serve para nada. Ao contrário, esse dom apenas agrava a infelicidade de Cassandra, pois ninguém jamais acreditará em suas previsões. Na situação presente, ela proclama: "Cuidado, este desconhecido é nosso pequeno Páris". E, de fato, Páris-Alexandre exibe as faixas que o enrolavam quando foi abandonado. Basta mostrá-las para ser reconhecido. Sua mãe, Hécuba, fica louca de alegria, e Príamo, que é um velho rei muito bondoso, também está radiante por reencontrar o filho. Páris é reintegrado à família real.

Quando as três deusas levadas por Hermes, encarregado por Zeus de resolver o caso em seu nome, vão visitá-lo, ele já reassumiu seu lugar na estirpe real, mas, tendo passado toda a juventude como pastor, manteve o hábito de ir visitar os rebanhos. É um homem do monte Ida. Assim, Páris vê Hermes e as três deusas chegarem. Fica um pouco surpreso e preocupado. Preocupado porque, em geral, quando uma deusa se mostra abertamente a um ser humano, em sua nudez e em sua autenticidade de imortal, as coisas desandam para os espectadores: ninguém tem o direito de ver uma divindade. Isso é um privilégio extraordinário e, ao mesmo tempo, um perigo do qual ninguém escapa ileso. Tirésias, por exemplo, perde a vista por ter olhado para Atena. No mesmo monte Ida, Afrodite, descendo do céu, se uniu a Anquises, pai do futuro Eneias. Depois de dormir com ela, como se fosse uma simples mortal, de manhã Anquises a vê em toda a sua beleza divina, fica aterrorizado e lhe implora dizendo: "Sei que estou perdido, de agora em diante nunca mais poderei ter contato carnal com uma mulher. Quem se uniu a uma deusa não vai depois cair nos braços de uma simples mortal. Sua vida, seus olhos, sua virilidade, em suma, estão liquidados".

Portanto, de início Páris se apavora. Hermes o tranquiliza. Explica-lhe que tem a incumbência de fazer a escolha, entregar o prêmio — os deuses assim decidiram —, e que cabe a ele arbitrar dizendo qual, a seu ver, é a mais bela. Páris se sente muito constrangido. As três deusas, cuja beleza provavelmente se equivale, tentam seduzi-lo com promessas aliciantes. Cada uma delas, se for a eleita, jura lhe dar um poder único e singular que só ela tem o privilégio de conceder.

O que pode lhe oferecer Atena? Diz ela: "Se me escolheres, terás a vitória nos combates na guerra e a sabedoria que todos invejarão". Hera lhe declara: "Se me escolheres, obterás a realeza, serás o soberano de toda a Ásia, pois, como esposa de Zeus, em meu leito está inscrita a soberania". Quanto a Afrodite, anuncia-lhe: "Se preferires a mim, serás o sedutor completo, tudo o que houver de mais belo no plano feminino será teu e, muito em especial, a bela Helena, cuja fama já se espalhou por toda parte. Esta, quando te vir, não resistirá. Serás o amante e o marido da bela Helena". Vitória na guerra, soberania, a bela Helena, a beleza, o prazer, a felicidade com uma mulher... Páris escolhe Helena. Com isso, começa a funcionar o mecanismo cuja engrenagem constitui o segundo ato desta história, tendo como pano de fundo o cipoal das relações entre os deuses e os homens.

HELENA, CULPADA OU INOCENTE?

O terceiro ato se passa em torno de Helena. Quem é ela? Também é fruto de uma intrusão dos deuses no mundo humano. Sua mãe, Leda, mortal, é filha de Téstio, rei de Cálidon. Quando era jovem, ela encontrou Tíndaro, da Lacedemônia. Os revezes da vida política o haviam expulsado de sua pátria e ele encontrou refúgio na casa de Téstio. Antes de voltar a Esparta para recuperar a realeza de que fora despojado, Tíndaro apaixona-se por Leda e pede-a em casamento. As bodas são celebradas com grande pompa. Mas a extrema beleza da moça não seduz apenas o esposo. Das alturas do Olimpo, Zeus a descobre. Sem se preocupar com Hera nem com qualquer outra de suas esposas divinas, ele só tem uma ideia na cabeça: fazer amor com essa jovem. No dia do casamento, na própria noite em que Tíndaro e Leda vão dividir o leito nupcial, Zeus vai encontrá-la e a ela se une na forma de um cisne. Leda porta em seu seio tanto os filhos de Tíndaro como os filhos de Zeus. Quatro filhos: duas meninas, dois meninos. Há quem diga que, na verdade, Zeus assediou a deusa Nêmesis, mas esta, para escapar, assumiu a forma de um ganso e Zeus se fez cisne para cobri-la. A cena ocorreu nas alturas do monte Taígeto, perto de Esparta, e foi no alto da montanha que Nêmesis-ganso pôs o ovo (ou os dois ovos) que um pastor se apressou em levar para Leda. No palácio da rainha, os filhotes saem da casca e Leda os adota como se fossem seus filhos.

Nêmesis é uma divindade terrível, filha de Noite, da mesma espécie que seus irmãos e irmãs igualmente gerados pela força de Treva: Morte, as Parcas, Luta (*Éris*) e seu séquito de Crimes, Matanças e Combates. Mas Nêmesis também tem o outro aspecto do noturno feminino — as doces Mentiras (*Pseúdea*), a Ternura Amorosa (*Philótes*) —, que reúne prazeres e embustes. Nêmesis é uma criatura vingativa, que zela pela expiação dos erros: não descansa enquanto não atinge o culpado a fim de castigá-lo, enquanto não rebaixa o insolente que se elevou alto demais, provocando com seu sucesso exagerado o ciúme dos deuses. Nêmesis-Leda: de certo modo, é Nêmesis, a deusa, que assume a figura de Leda, uma simples mulher, para que os mortais paguem pela desgraça de não serem deuses.

Seus dois filhos são os Dióscuros — "filhos de Zeus", que são ao mesmo tempo os Tindáridas, isto é, filhos de Tíndaro — Castor e Pólux, e suas duas filhas são Helena e Clitemnestra. Neles se juntaram, para o bem e para o mal, o divino e o humano, as sementes de Tíndaro, o esposo-homem, e de Zeus, o amante-deus, depositadas no ventre de Nêmesis-Leda para se unirem, embora se mantendo distintas e opostas. Dos dois meninos gêmeos, Pólux descende direto de Zeus, é imortal; Castor puxa mais a Tíndaro. Na luta que travam contra dois primos seus, Idas e Linceu, Castor morre e desce aos Infernos, enquanto Pólux, vencedor mas ferido, é elevado em glória ao Olimpo, por Zeus. No entanto, apesar de suas ascendências e de suas naturezas contrastadas, os dois irmãos continuam a ser gêmeos tão ligados um ao outro, tão inseparáveis quanto as duas pontas do barrote horizontal que os representa em Esparta. Pólux consegue de Zeus que a imortalidade seja compartilhada entre ele e o irmão, cada um deles passando metade do tempo com os deuses no céu e metade num exílio debaixo da terra, nos Infernos, no reino das sombras, ao lado dos mortais. Clitemnestra e Helena também se correspondem como duas calamidades. Mas Clitemnestra, de quem se diz ser a filha puramente mortal de Tíndaro, é toda negra: encarna a maldição que pesa sobre a estirpe dos Atridas, é o espírito vingativo que leva a morte ignominiosa ao vencedor de Troia, Agamêmnon.

Helena, que descende de Zeus, conserva uma aura divina, até mesmo nas desgraças que provoca. De sua pessoa irradia permanentemente o brilho de sua beleza, que faz dela um ser assustador pelo poder de sedução, e a envolve numa luz em que cintila o reflexo do divino. Quando Helena deixa o esposo, o palácio e os filhos, para seguir os passos do jovem estrangeiro que lhe propõe um amor adúltero, ela é culpada ou inocente? Ora dizem que, se cedeu tão facilmente ao apelo do desejo, ao prazer dos sentidos, é porque estava fascinada pelo luxo, pela riqueza, pela opulência, pelo fausto oriental ostentados pelo príncipe estrangeiro. Ora afirmam que, ao contrário, foi raptada à força, contra sua vontade e apesar de sua resistência.

Em todo caso, um fato é certo. A fuga de Helena com Páris desencadeou a guerra de Troia. No entanto, essa guerra não teria sido o que foi se só se tratasse do ciúme de um marido decidido a recuperar a mulher. O caso é muito mais grave. O polo da harmonia, da hospitalidade, dos laços de vizinhança e dos compromissos intervém diante do polo da violência, do ódio, das mortificações. Quando Helena chega à idade de se casar, seu pai Tíndaro, diante de tal beleza, diante de uma joia tão preciosa, pensa que arranjar-lhe um marido não vai ser fácil. Assim sendo, ele convoca tudo o que existe na Grécia em matéria de jovens, príncipes e reis ainda solteiros, para que compareçam à sua casa e que a escolha se faça em conhecimento de causa. Os rapazes ficam algum tempo na corte do rei. Como decidir? Tíndaro sente-se constrangido. Tem um sobrinho muito astuto, Ulisses, que merece ser evocado aqui porque também tem um papel nessa história. Ulisses diz ao pai de Helena mais ou menos o seguinte: "Só tens um jeito de solucionar esse caso. Antes de anunciares tua escolha, o que seguramente há de provocar alvoroço, faz com que todos os pretendentes, unanimemente, prestem o juramento de, seja qual for a decisão de Helena, ratificarem a escolha. Além disso, que todos se sintam envolvidos com esse casamento. Se algo de errado ocorrer nas relações matrimoniais de Helena, todos os outros se sentirão solidários com o marido dela". Todos fazem o juramento e pedem a Helena que declare sua preferência. Ela escolhe Menelau.

Menelau já conhecia Páris, que durante uma viagem a Tróada fora seu hóspede. Quando, em companhia de Eneias, Páris vai para a Grécia, é primeiramente recebido com grande pompa pelos irmãos de Helena, os Dióscuros, antes de ser introduzido por Menelau em Esparta, onde está Helena. Por algum tempo Menelau cobre o hóspede Páris de presentes e atenções. Depois, precisa ir ao enterro de um parente. Então, confia a Helena o cuidado de substituí-lo em suas tarefas de anfitrião. É durante esses dias de luto e de ausência de Menelau que o hóspede é recebido por Helena de uma forma mais pessoal. É de imaginar que, na presença de Menelau, as mulheres do palácio real de Esparta não viviam em intimidade com o estrangeiro. Isso era um privilégio do rei. Agora, é de Helena.

Páris e Eneias retornam ao mar e, sem mais demora, vão para Troia, levando no barco a bela Helena, que consentira ou, ao contrário, fora obrigada a embarcar. De volta a Esparta, Menelau acorre à casa do irmão Agamêmnon para lhe anunciar a traição de Helena, e sobretudo a traição de Páris. Agamêmnon encarrega alguns protagonistas, entre eles Ulisses, de ir à casa de todos os ex-pretendentes e de chamá-los às falas para que se mostrem solidários. A ofensa foi tamanha que, além do próprio Menelau e de Agamêmnon, é toda a Hélade que deve se unir para castigar Páris pelo rapto de uma mulher que não apenas é a mais bela, mas é uma grega, uma esposa, uma rainha. Porém, em casos de honra, a negociação pode preceder e, às vezes, substituir a prova das armas. Assim sendo, num primeiro momento Menelau e Ulisses vão a Troia a fim de tentar arranjar as coisas amistosamente, para que a harmonia, o acordo e a hospitalidade voltem a reinar, graças ao pagamento de multas ou à reparação do erro cometido. São recebidos em Troia. Alguns, entre eles os troianos mais ilustres, como Deífobo, são partidários da solução pacífica. É a assembleia dos idosos de Troia que deve tomar a decisão, pois o caso ultrapassa o próprio poder real. Os dois gregos são, assim, recebidos pela assembleia, onde alguns descendentes de Príamo não só intrigam para rejeitar todo e qualquer compromisso, mas até sugerem que não se deve deixar Ulisses e Menelau partirem com vida. Mas Deífobo, que os recebe como um anfitrião, mantém a proteção sobre eles. Os dois voltam da missão de mãos abanando, e anunciam na Grécia o fracasso da tentativa de conciliação. Agora, está tudo pronto para a eclosão do conflito.

MORRER JOVEM, SOBREVIVER NA GLÓRIA

A expedição contra Troia não parece suscitar entre os gregos um entusiasmo unânime. Até Ulisses teria tentado escapar. Penélope acabava de lhe dar um filho, Telêmaco. O momento parecia impróprio para largar a mãe e a criança. Quando lhe anunciam que é preciso embarcar e, pela força das armas, resgatar Helena, raptada pelo príncipe troiano, ele simula um ataque de loucura a fim de esquivar-se da obrigação. Aquele que é o mais sensato, o mais astuto, vai se fingir de louco. O velho Nestor é que vai a Ítaca para lhe comunicar a ordem de mobilização. Vê Ulisses puxando um arado atrelado a um burro e um boi. O herói anda para trás, semeando pedra em vez de trigo. Todos entram em pânico, menos Nestor, que é bastante esperto para adivinhar que Ulisses está fazendo uma de suas encenações costumeiras. Enquanto Ulisses está andando para trás e o arado está andando para a frente, Nestor apanha o pequeno Telêmaco e o coloca diante do sulco da charrua. Nesse momento, Ulisses recupera a lucidez e pega a criança no colo para que nada lhe aconteça. Ei-lo desmascarado. Ele aceita partir.

Quanto ao velho Peleu, marido de Tétis, que viu morrer vários filhos seus, só lhe resta Aquiles, e ele não suporta a ideia de que este possa um dia ir para a guerra. Então, toma a providência de mandar o jovem para a ilha de Ciro, para perto das filhas do rei. Aquiles vai viver nesse gineceu como uma moça. Depois de ter sido, na primeira infância, criado por Quíron e pelos Centauros, ele está na idade em que os sexos ainda não estão definidos, ainda não se distinguem perfeitamente. Sua barba ainda não cresceu, ele não tem pelos, parece uma garota encantadora, com essa beleza indecisa dos adolescentes que são tanto meninos como meninas. Aquiles vai viver despreocupado entre suas companheiras. Mas Ulisses vai buscá-lo. Respondem-lhe que ali não há nenhum garoto. Ulisses, que se faz passar por um mercador ambulante que vende miudezas, pede para entrar. Vê cinquenta garotas, entre as quais é impossível distinguir Aquiles. Ulisses tira da sacola tecidos, bordados, grampos, joias, e quarenta e nove garotas acorrem para admirar essas bugigangas, mas uma fica afastada, indiferente. Então, Ulisses pega o punhal e essa garota encantadora se joga sobre a arma. Atrás das muralhas, soa uma trombeta de guerra, é o pânico no bairro das mulheres, as quarenta e nove garotas se salvam com suas tralhas, e só uma, de punhal na mão, toma a direção da música, disposta a ir para o combate. Ulisses desmascara Aquiles, assim como Nestor desmascarou Ulisses. Aquiles está pronto para a guerra.

A deusa Tétis não conseguia se conformar com o fato de que todos os filhos que teve antes de Aquiles, sete meninos, fossem simples mortais, como o pai. De modo que, desde os primeiros dias, ela tentava torná-los imortais. Punha-os na fogueira para que o fogo queimasse neles toda essa humanidade portadora de corrupção e que faz com que os homens não sejam uma chama pura e brilhante. Mas seus filhos se consumiam e morriam no fogo. O pobre Peleu estava desesperado. De modo que, quando Aquiles nasce, Peleu pensa que este, ao menos, pode ser salvo. Na hora em que a mãe se prepara para pô-lo no fogo, o pai intervém e o agarra. O fogo toca apenas os lábios da criança e um osso do calcanhar, que fica inutilizado. Peleu consegue do centauro Quíron que vá ao monte Pélion, desenterre o cadáver de um centauro extremamente veloz na corrida, tire um calcanhar do cadáver e o substitua pelo do pequeno Aquiles, que desde a mais tenra idade corre tão veloz quanto um cervo. Essa é uma das versões. Uma outra conta que, para torná--lo imortal, Tétis, sem poder jogá-lo na fogueira, mergulha-o nas águas do Estige, esse rio infernal que separa os vivos dos mortos. Evidentemente, quem é mergulhado nas águas do Estige sai com virtudes e com um vigor excepcionais. Aquiles, imerso nessas águas infernais, resistiu à prova; só o calcanhar, por onde sua mãe o mantinha pendurado, não entrou em contato com a água. Aquiles não é apenas o guerreiro mais veloz na corrida, é também o combatente invulnerável aos ferimentos humanos, com exceção de um ponto, o calcanhar, por onde a morte consegue se insinuar.

Um dos resultados desse casamento desigual entre uma deusa e um homem é que todo o esplendor, toda a força da divina Tétis vêm, em parte, aureolar o personagem de Aquiles. Ao mesmo tempo, sua figura só pode ser trágica: ele não é um deus, mas tampouco pode viver ou morrer como um homem comum, como um simples mortal. Contudo, não é por escapar da condição ordinária da humanidade que ele se torna um ser divino, com a garantia da imortalidade. Seu destino, que, para todos os guerreiros, para todos os gregos dessa época, tem valor de exemplo, continua a nos fascinar: desperta em nós, como um eco, a consciência daquilo que transforma a existência humana, limitada, dilacerada, dividida, num drama em que a luz e a sombra, a alegria e a dor, a vida e a morte estão indissoluvelmente juntas. O destino de Aquiles, exemplar, é marcado pela ambiguidade. Tendo origem meio humana, meio divina, ele não pode estar inteiramente de um lado ou de outro.

No limiar de sua vida, desde seus primeiros passos, a estrada que deve seguir se bifurca. Seja qual for a direção que escolher, ele precisará, para segui-la, abrir mão de uma parte essencial de si mesmo. Não pode simultaneamente usufruir do que a vida à luz do sol oferece de mais doce aos humanos e garantir à sua pessoa o privilégio de nunca se privar dessa luz, nunca morrer. Desfrutar da vida — o bem mais precioso para as criaturas efêmeras, o bem incomparável a qualquer outro, por ser o único que, quando perdido, não pode ser reencontrado — é renunciar a qualquer esperança de imortalidade. Querer ser imortal é, em parte, aceitar perder a vida antes mesmo de vivê-la plenamente. Se Aquiles escolhe, como deseja seu velho pai, ficar ali onde nasceu, na Ftia, com a família e em segurança, terá uma vida longa, sossegada e feliz, percorrendo todo o ciclo de tempo concedido aos mortais, até uma velhice cercada de afeto. Contudo, por mais brilhante que seja, mesmo iluminada pelo que a passagem por esta terra dá de melhor aos homens em matéria de felicidade, sua vida não deixará atrás de si nenhum rastro de seu brilho; ao terminar, essa vida vai se precipitar na noite, no nada. Junto com ela, o herói desaparecerá por completo, para sempre. Mergulhando no Hades, sem nome, sem rosto, sem memória, ele se apaga como se nunca tivesse existido.

Mas Aquiles pode fazer a opção contrária: a vida breve e a glória para sempre. Escolhe partir para longe, deixar tudo, correr todos os riscos, entregar-se antecipadamente à morte. Quer estar entre o pequeno número de eleitos que não se preocupam com o conforto, nem com as riquezas, nem com as honras ordinárias, mas que querem triunfar nos combates durante os quais suas vidas sempre estão em jogo. Enfrentar no campo de batalha os adversários mais aguerridos é pôr-se à prova numa competição de coragem, em que cada um tem de mostrar quem é, provar aos outros sua excelência, uma excelência que culmina na façanha guerreira e encontra sua realização na "bela morte". Assim, em pleno combate, em plena juventude, as forças viris, a bravura, a energia e a graça juvenil intactas jamais conhecerão a decrepitude da velhice.

Como se, para luzir na pureza de seu brilho, a chama da vida devesse ser levada a tal ponto de incandescência que se consumisse no exato momento em que é acesa. Aquiles escolhe a morte na glória, na beleza preservada de uma vida extremamente jovem. Vida encurtada, amputada, encolhida, e glória imorredoura. O nome de Aquiles, suas aventuras, sua história, sua pessoa mantêm-se para sempre vivos na memória dos homens, cujas gerações se sucedem de século em século, para desaparecerem todas, uma após a outra, na escuridão e no silêncio da morte.

Ulisses ou a aventura humana

Os gregos são os vencedores. Depois de tantos anos de cerco e combates diante das muralhas de Troia, finalmente a cidade cai. Os gregos não se contentaram em derrotá-la, assaltá-la, mas a saquearam e incendiaram, graças a uma artimanha: o famoso cavalo de madeira que os troianos introduziram na cidade, pensando que se tratava de uma piedosa oferenda aos deuses. Uma vanguarda conseguiu sair dos flancos do cavalo, abriu as portas da cidade e permitiu ao exército grego se espalhar e tudo massacrar em sua passagem. Os homens foram mortos, as mulheres e crianças foram levadas como escravos, só restaram ruínas. Os gregos imaginam que a história está finalmente terminada, mas é aí que se descobre a outra vertente dessa grande aventura guerreira. De um jeito ou de outro, os gregos terão de pagar pelos crimes, pelos excessos, pela *hýbris* de que foram culpados durante o combate. Desde o início, surgiu um desacordo entre Agamêmnon e Menelau. Este desejava ir embora imediatamente, dar meia-volta o quanto antes. Agamêmnon, ao contrário, queria ficar, a fim de fazer um sacrifício a Atena, que, ao apoiar a causa deles junto aos deuses, decidiu que teriam a vitória. Ulisses, com os doze barcos que trouxe, prefere zarpar sem demora rumo a Ítaca. Embarca com Menelau no mesmo navio que transporta o velho Nestor. Mas, na ilha de Tênedo, Ulisses começa a brigar com Menelau e volta a Troia para ir encontrar Agamêmnon. Em seguida, ambos pegam a mesma rota, na esperança de chegarem ao mesmo tempo à Grécia continental. Os deuses decidem de outra forma. Os ventos e as tempestades são violentos. A frota se desvia; diversos navios afundam, arrastando consigo as tripulações de marinheiros e combatentes. Raros são os gregos que têm a sorte de voltar ao lar. E, entre os que o mar poupou, alguns encontrarão a morte na soleira de casa. Foi o que ocorreu com Agamêmnon, que, mal pôs os pés no solo pátrio, caiu na cilada armada por sua esposa Clitemnestra e por Egisto, o amante dessa esposa infiel. Agamêmnon, sem desconfiar, chega como um bravo animal, todo feliz em reencontrar o estábulo familiar. Será abatido sem piedade, morto pelos dois cúmplices.

A tempestade causa uma dispersão entre os navios de Agamêmnon, que formam o grosso da frota, e os de Ulisses. Assim, Ulisses fica isolado no mar com sua flotilha. Passa pelas mesmas provas, enfrenta as mesmas tempestades que seus companheiros de infortúnio. Quando, enfim, desembarca na Trácia, terra dos cícones, a acolhida é hostil. Ulisses toma Ísmaro, a cidade deles. Diante dos vencidos, comporta-se como muitos heróis gregos. Mata a maioria dos moradores da cidade, mas poupa um: o sacerdote de Apolo, chamado Máron. Como prova de gratidão, Máron lhe oferece vários odres de um vinho que não é uma bebida comum, mas uma espécie de néctar divino. Ulisses manda embarcar os odres em seu navio, como reserva. Os gregos, muito contentes, armam o acampamento noturno nas praias, enquanto esperam a partida, no raiar do dia. Mas os cícones dos campos, prevenidos da chegada de inimigos, os atacam de manhã e matam muitos deles. Os sobreviventes embarcam às pressas e fogem o quanto antes em seus navios.

NA TERRA DO ESQUECIMENTO

Ei-los partindo mais uma vez, com a frota muito reduzida. Um pouco adiante, Ulisses aborda o cabo Maleia e o ultrapassa. Dali já pode ver as costas de Ítaca, sua pátria. Sente-se como que de volta à sua terra. É justo nessa hora em que ele imagina estar terminando seu percurso que a cortina se levanta para mais um capítulo do périplo de Ulisses: até ali, ele simplesmente fizera a viagem de um navegante que volta de uma expedição guerreira além dos mares. Mas, quando os gregos dobram o cabo Maleia, abate-se sobre eles uma súbita tempestade, que vai castigá-los durante sete dias, levando a flotilha para uma zona totalmente diferente daquela por onde antes navegava. Agora Ulisses já não saberá onde está, já não encontrará gente como os cícones, que são guerreiros hostis mas semelhantes a ele. De certa forma, sai das fronteiras do mundo conhecido, do *oikoúmenos* humano, para entrar num espaço de não humanidade, um mundo de outro lugar.

A partir daí, Ulisses só encontrará criaturas que são de natureza quase divina e se alimentam de néctar e de ambrosia, como Circe e Calipso, ou criaturas subumanas, monstros como o Ciclope ou os lestrigões, que se alimentam de carne humana. Para os gregos, o próprio do homem, o que o define como tal, é o fato de comer pão e beber vinho, ter um certo tipo de alimentação e reconhecer as leis da hospitalidade, acolhendo o estrangeiro em vez de devorá-lo. O universo onde Ulisses e seus marinheiros foram jogados pela terrível tempestade é o oposto desse mundo humano normal. Assim que a tempestade amaina, os gregos avistam uma praia, atracam nessa terra da qual nada sabem. Para recolher informações sobre quem mora ali, e também para se reabastecer, Ulisses escolhe alguns marinheiros e manda-os como estafetas, como vanguarda, para entrarem em contato com as pessoas da terra. São recebidos com extrema gentileza. Os indígenas são todo sorrisos. Aos navegadores estrangeiros, logo oferecem seus alimentos triviais. Ora, os habitantes dessa terra são os lotófagos, comedores de lótus. Assim como os homens se alimentam de pão e vinho, eles comem essa planta requintada que é o lótus. Se um humano engole esse alimento delicioso, esquece tudo. Não se lembra mais de seu passado, perde toda a noção de quem é, de onde vem, para onde vai. Quem absorve o lótus para de viver como fazem os homens, que carregam dentro de si a lembrança do passado e a consciência de quem são.

Os enviados de Ulisses, quando voltam e encontram seus companheiros, se recusam a ir para o mar, são incapazes de dizer o que lhes aconteceu. De certa maneira, estão anestesiados numa espécie de felicidade que paralisa toda e qualquer remembrança. Desejam apenas ficar ali onde estão, como estão, sem mais vínculos nem passado, sem projeto: sem desejo de voltar. Ulisses pega-os pelo pescoço, instala-os em seus barcos e vai embora. Primeira escala: um país que é a terra do esquecimento.

Durante o longo périplo que vai se seguir, a cada instante o esquecimento e a supressão da lembrança da pátria e do desejo de retornar atuarão como pano de fundo de todas as aventuras de Ulisses e seus companheiros, e representarão sempre o perigo e o mal. Estar no mundo humano é estar vivo à luz do sol, ver os outros e por eles ser visto, viver em reciprocidade, lembrar-se de si e dos outros. Ali, ao contrário, eles entram num mundo em que as forças noturnas, os filhos da Noite, como os chama Hesíodo, vão aos poucos estender sua sombra sinistra sobre a tripulação de Ulisses e sobre o próprio Ulisses. Uma nuvem de escuridão permanece sempre suspensa acima dos navegantes, ameaçando perdê-los se eles se deixarem levar pelo esquecimento do retorno.

O NINGUÉM ULISSES DIANTE DO CICLOPE

Saíram da ilha dos lotófagos. O barco de Ulisses navega e a flotilha entra numa espécie de nevoeiro em que não se enxerga mais nada. É noite, o navio vai singrando sem que os marinheiros precisem remar nem prever o que vem pela frente. Encalham numa ilhota que não tinham visto e da qual nada distinguem. É o próprio mar ou os deuses que empurram o navio para essa ilha invisível onde eles atracam num breu total. Nem a lua se mostra no céu. Não se vê nada. Eles estão ali sem a menor ideia do que está acontecendo. Como se, depois da ilha do esquecimento, a porta da escuridão e da noite entreabrisse diante deles. Nesse corredor, vão conhecer novas aventuras. Descem a terra. A pequena ilha tem uma elevação, um promontório onde moram Gigantes monstruosos que têm no meio da testa um só olho e que são chamados de Ciclopes.

Ulisses abriga seu barco numa enseada e, com doze homens, sobe ao alto da colina, onde descobriu uma caverna na qual espera encontrar alguma coisa para se abastecer. Entram na imensa gruta vazia, veem treliças de palha com queijos em cima e descobrem toda uma cultura bucólica. Não há cereais, mas há rebanhos, queijos, talvez até alguns vinhedos silvestres, mais embaixo. Naturalmente, os companheiros de Ulisses só pensam numa coisa: roubar alguns queijos e descer o quanto antes para longe dessa enorme caverna que não lhes parece servir para nada. Dizem a Ulisses: "Partamos!". Este se recusa. Quer ficar porque quer ver. Quer conhecer o habitante do local. Ulisses é o homem que não apenas deve se lembrar, mas também é aquele que quer ver, conhecer, experimentar tudo o que o mundo pode lhe oferecer, e até esse mundo subumano no qual foi atirado. A curiosidade de Ulisses leva-o sempre mais além, o que desta vez traz o risco de causar sua perda. Em todo caso, essa curiosidade vai provocar a morte de vários de seus companheiros. O Ciclope logo chega com suas cabras, seus carneiros, inclusive o predileto, e todos entram na gruta.

O Ciclope é imenso, gigantesco. Não percebe de imediato esses homenzinhos que parecem pulgas, que estão escondidos nos cantinhos da caverna e tremem de medo. De repente, descobre-os, dirige-se a Ulisses, que está um pouco à frente, e pergunta: "Mas quem és tu?". Ulisses, naturalmente, conta-lhe histórias. Diz — primeira mentira: "Não tenho mais barco", quando na verdade seu barco o espera. "Meu barco quebrou, portanto estou inteiramente à tua mercê, venho aqui implorar, junto com os meus, a tua hospitalidade. Somos gregos, combatemos valentemente com Agamêmnon nas praias de Troia, tomamos a cidade e agora estamos aqui como náufragos infelizes." O Ciclope responde: "Sei, sei, muito bem, mas não tenho nada a ver com essas tuas histórias". Agarra pelos pés dois companheiros de Ulisses, arremessa-os contra a parede do rochedo, explode a cabeça dos dois e os engole, crus. Os outros marinheiros ficam gélidos de pavor e Ulisses fica pensando que se meteu numa enrascada. Tanto mais que não há esperança de sair, pois, como já é noite, o Ciclope fechou a entrada de seu antro com um enorme rochedo que nenhum grego, nem mesmo juntando-se uns aos outros, conseguiria abalar. No dia seguinte, o mesmo roteiro se repete, o Ciclope come mais quatro homens, dois de manhã e dois de noite. Já engoliu seis, a metade da tripulação. O Ciclope está radiante. Quando Ulisses tenta amaciá-lo com palavras particularmente melosas, estabelece-se entre eles certa forma de hospitalidade. Ulisses lhe diz: "Vou te dar um presente que, creio, te encherá de satisfação". Nasce um diálogo, durante o qual se esboça uma relação pessoal, um convívio acolhedor.

O Ciclope se apresenta, chama-se Polifemo. É um homem muito falante e muito famoso. Pergunta a Ulisses como se chama. Para se estabelecer um contato inicial, é costume que cada um diga ao outro quem é, de onde vem, quem são seus pais e qual é sua pátria. Ulisses diz se chamar *Oútis*, ou seja, Ninguém. Diz-lhe: "O nome que me dão meus amigos e meus pais é Oútis". Há aí um trocadilho, pois as duas sílabas de *ou-tis* podem ser substituídas por uma outra forma de dizer a mesma coisa: *me-tis*. *Ou* e *me* são em grego as duas formas da negação, mas se *oútis* significa "ninguém", *mêtis* designa "astúcia". É claro que, quando se fala de *mêtis*, logo se pensa em Ulisses, que é, justamente, o herói da *mêtis*, da astúcia, da capacidade de encontrar saídas para o inextricável, de mentir, tapear os outros, contar-lhes lorotas e se sair melhor que eles. "*Oútis*, Ninguém", exclama o Ciclope, "já que és Ninguém, também vou te dar um presente. Vou comer-te por último." Nisso, Ulisses lhe dá seu presente: um pouco do vinho que Máron lhe entregara e que é um néctar divino. O Ciclope bebe, acha-o maravilhoso, serve-se de novo. Empanturrado de queijos, dos marinheiros que engoliu, e tonto pelo vinho, ele adormece.

Ulisses tem tempo para pegar uma enorme estaca de oliveira, talhá-la em ponta e pô-la no fogo até ficar em brasa. Cada marinheiro sobrevivente participa do trabalho de marcenaria e, a seguir, da manobra que consiste em enfiar o pau em brasa no olho do Ciclope, que acorda aos berros. Seu único olho está cego. Ei-lo também entregue à noite, à escuridão. E, obviamente, ele grita por socorro, e os Ciclopes das redondezas acorrem. Os Ciclopes vivem cada um por si, cada um manda em suas terras, e não reconhecem deuses nem senhores fora daquilo que, para cada um deles, é sua própria casa, mas mesmo assim acorrem, e do lado de fora, já que a gruta está fechada, gritam: "Polifemo, Polifemo, o que tens?" "Ah, é terrível, estão me assassinando!" "Mas quem te fez mal?"

"Ninguém, *Oútis*!" "Mas se ninguém, *mêtis*, te fez mal, por que machucas nossas orelhas desse jeito?" E vão embora.

Ulisses se escamoteou, fugiu, se escondeu atrás do nome que inventou para si mesmo, mas de certa forma se salvou. Não totalmente, pois ainda precisa sair do antro fechado por um enorme penhasco. Para sair da caverna, ele compreende que o único jeito é amarrar com palha, sob o ventre dos carneiros, cada um dos seis gregos que restam. Ele mesmo se agarra na lã grossa do carneiro preferido do Ciclope. Este se põe defronte da porta do antro, desloca a pedra que tapava a entrada, e faz passar cada animal entre suas pernas, apalpando-lhes o dorso para ter certeza de que nenhum grego se aproveita para se esgueirar e sair. Não percebe que os gregos estão escondidos sob a barriga dos carneiros. Na hora em que seu carneiro preferido sai com Ulisses, o Ciclope se dirige ao bicho, que no fundo é seu único interlocutor, e lhe diz: "Olha em que estado me pôs esse terrível bruto Ninguém, ele vai pagar por isso". O carneiro caminha para a saída, e Ulisses junto com ele.

O Ciclope empurra a pedra, pensando que os gregos ficaram no antro, quando na verdade já estão de pé lá fora: descem a toda pelos atalhos rochosos até a baía onde está escondido o barco. Pulam a bordo, soltam as amarras e se afastam do litoral. Avistam lá em cima, plantado no alto do rochedo, ao lado da gruta, o Ciclope, que joga sobre eles pedras enormes, às cegas. Nesse instante, Ulisses não resiste ao prazer da jactância e da vaidade. Grita-lhe: "Ciclope, se te perguntarem quem cegou teu olho, diz que foi Ulisses, filho de Laertes, Ulisses de Ítaca, o saqueador de cidades, o vencedor de Troia, Ulisses dos mil truques". Como se sabe, quanto mais alto o coqueiro, maior é o tombo. Pois o Ciclope é filho de Posêidon, o grande deus de todas as ondas, mas também de tudo o que é subterrâneo: é quem provoca os terremotos e as tempestades. O Ciclope profere uma imprecação solene, que só vale quando se indica o nome da pessoa contra quem é dirigida. Se tivesse dito "Ninguém", talvez a súplica ficasse sem efeito, mas o Ciclope dá o nome de Ulisses a seu pai Posêidon e lhe pede vingança: que Ulisses não possa voltar ao país de Ítaca sem ter padecido mil sofrimentos, sem que todos os seus companheiros morram, sem que seu navio afunde e o deixe só, perdido e náufrago. Porém, se acaso Ulisses conseguir escapar, que volte como um estrangeiro, num navio estrangeiro, e não como o navegante esperado que regressa à sua terra em seu próprio barco.

Posêidon ouve a súplica do filho. Desse episódio data sua vontade, que domina todas as aventuras posteriores de Ulisses, de que ele seja levado ao extremo limite das trevas e da morte e que seus sofrimentos sejam os mais terríveis. Como mais tarde explicará Atena, a grande protetora de Ulisses, é porque Posêidon não aceita o mal que foi feito ao seu filho Ciclope que ela não pode intervir e só aparecerá bem no fim, depois dos vagares de Ulisses, quando ele já está praticamente de volta à sua terra. Por ter cegado Polifemo e tê-lo atirado na noite, Ulisses vai se ver no caminho de tudo o que é noturno, escuro e sinistro.

IDÍLIO COM CIRCE

O navio afasta-se da ilha de Polifemo e, de lá, chega à ilha de Éolo. É um desses lugares por onde andou Ulisses e que alguns quiseram localizar, mas que, justamente, tem a particularidade de não ser localizável. A ilha dos eólios é completamente isolada e cercada por uma muralha de altos penhascos, como um muro circular de bronze. É lá que vive Éolo, com sua família, e sem contato com ninguém. Assim sendo, os eólios se reproduzem por incesto, segundo um sistema matrimonial fechado sobre si mesmo. Vivem numa solidão absoluta, num isolamento completo. A ilha é um ponto de orientação das rotas marítimas, é o nó onde se concentram todas as direções do espaço aquático. Éolo é o senhor dos ventos que, dependendo para que lado soprem, abrem-se ou fecham-se, e às vezes confundem e atrapalham as rotas marítimas. Ele recebe Ulisses com grande hospitalidade e gentileza, mais ainda porque este é um herói da guerra de Troia, um dos que serão cantados na *Ilíada*. Ulisses lhe faz o relato do que acontece no mundo, do rumor do universo, do qual Éolo vive completamente afastado. Ele é senhor dos ventos, mas não tem outro poder. Ulisses fala, conta, Éolo escuta, felicíssimo. Alguns dias depois, Éolo lhe diz: "Vou te dar o necessário para ires embora de minha ilha e poderes ir direto a Ítaca, sem problemas de navegação". Entrega-lhe um odre, não mais de vinho, como o de Máron, mas outro, onde estão guardadas as fontes de todos os ventos, as sementes de todas as tempestades. Esse odre está cuidadosamente fechado, Éolo guardou ali dentro a origem, a gênese de todos os ventos marinhos, a não ser daquele que, de sua ilha, vai direto para Ítaca. Recomenda expressamente a Ulisses não tocar no odre. Se os ventos escapassem, a situação ficaria fora de controle. "Vê, agora o único vento que sopra no universo é o que te leva de minha ilha a Ítaca." Os tripulantes sobreviventes tomam seus lugares no navio, e ei-los partindo direto para Ítaca.

Quando desce a noite, do navio Ulisses avista, ao longe, as costas de Ítaca. Vê com seus olhos as terras da pátria. Feliz, adormece. Suas pálpebras caem, seus olhos se fecham como ele fechou o olho do Ciclope. Ei-lo de volta ao mundo do noturno, do *Hýpnos*, do Sono; mas, ao adormecer no barco que voga para Ítaca, ele se esquece de vigiar. Os marinheiros, entregues a si mesmos, perguntam o que Éolo deve ter dado a Ulisses naquele odre, seguramente coisas muito preciosas. Só querem dar uma olhadinha e depois fechá-lo. Já bem próximos das praias de Ítaca, abrem o odre, os ventos escapam desordenados, o mar se encrespa, as ondas são violentas, o navio emborca e refaz em sentido inverso o caminho que acabara de percorrer. Ulisses, desapontado, volta então ao ponto de partida, à ilha de Éolo. Este lhe pergunta o que está fazendo ali. "Não fui eu, adormeci. Foi um erro, deixei a noite do sono me agarrar, não vigiei, e o resultado é que meus companheiros abriram o odre." Desta vez, Éolo não lhe faz nenhuma festa. Ulisses implora: "Deixa-me partir mais uma vez, dá-me mais uma chance". Éolo se aborrece, diz que ele é a última das criaturas, que não é ninguém, que não é mais nada, que os deuses o odeiam. "Para que tal desventura tenha acontecido, só mesmo tu sendo um maldito, não quero mais escutar-te." E Ulisses e seus marinheiros partem sem ter encontrado em Éolo o apoio que esperavam.

Então, durante a navegação, a flotilha de Ulisses chega a um novo lugar, que é a ilha dos lestrigões. Ali atracam, há portos bem desenhados e uma cidade. Em vez de amarrar seu barco onde existe uma espécie de porto natural, Ulisses, sempre mais esperto que os outros, resolve colocá-lo um pouco retirado, numa enseada afastada. E, como suas aventuras o tornaram prudente, em vez de ir pessoalmente, manda um grupo de marinheiros descobrir quem são os habitantes do lugar. Os marinheiros sobem até a cidade e encontram no caminho uma moça imensa, uma espécie de camponesa, de matrona, muito maior e mais forte que eles. Ela os convida a acompanhá-la. "Meu pai é o rei e está disposto a receber-vos, a dar-vos tudo o que quiserdes." Os marinheiros ficam satisfeitos, embora o tamanho dessa jovem encantadora os impressione muito. Acham que ela é um pouco forte e alta demais. Chegam diante do rei dos lestrigões, que, mal os avista, agarra um deles e o engole. Os homens de Ulisses correm em disparada e voltam berrando para os navios: "Salve-se quem puder, vamos sumir daqui!". Enquanto isso, todos os lestrigões, amotinados pelo rei, saem correndo de suas casas. Avistam lá embaixo os gregos atarefados nos barcos, tentando deixar aquela terra o quanto antes. Pescam-nos como se fossem atuns, agarram-nos como peixes, e os comem. Morrem todos os companheiros de Ulisses, a não ser os que estavam afastados no barco cuidadosamente escondido. Ulisses parte, com um só navio e sua tripulação.

Esse barco solitário vai atracar na ilha de Eea, no Mediterrâneo. Ulisses e seus companheiros acham um lugar para esconder o barco, depois se aventuram um pouco em terra. Há rochedos, um bosque, vegetação. Mas, a exemplo de Ulisses, os marinheiros ficam desconfiados. Um deles se nega a sair do lugar. Ulisses encoraja os outros a explorarem a ilha. Uns vinte marinheiros partem como batedores e descobrem uma bonita casa, um palácio cercado de flores, onde tudo parece calmo. A única coisa que os inquieta um pouco, e que acham estranho, é que nos arredores, nos jardins, há inúmeros animais selvagens, lobos, leões, que se aproximam deles com muita delicadeza, quase se esfregando em suas pernas. Os marinheiros se espantam, mas pensam que talvez estejam num mundo pelo avesso, um mundo de lugar nenhum, onde os animais selvagens são domesticados e onde os humanos é que são especialmente assassinos. Batem à porta e uma linda moça vem abrir. Ela estava tecendo e fiando, enquanto cantava com uma bela voz. Manda-os entrar, convida-os a se sentar, oferece-lhes uma bebida em sinal de boas-vindas. Nessa bebida, joga um filtro que, já no primeiro gole, os transforma em porcos. Todos, dos pés à cabeça, ficam com o aspecto de porcos, a mesma voz, os pelos, o andar e a alimentação. Circe — é este o nome da maga — alegra-se ao ver esses porcos recém-chegados a seu bestiário. Apressa-se em trancá-los num chiqueiro, onde vai lhes dar a comida habitual dos bichos.

Ulisses e o resto de seus companheiros, aguardando a volta dos marinheiros que partiram antes, começam a se afligir. Ulisses então se embrenha pelo meio da ilha para ver se descobre algum deles. Hermes, esse deus esperto e malandro, aparece de repente e explica o que aconteceu. "É uma feiticeira, ela transformou teus homens em porcos, na certa vai querer te oferecer a mesma bebida, mas vou te dar um contraveneno que permitirá que escapes da metamorfose e permaneças tal como és. Continuarás a ser o Ulisses de sempre, o Ulisses 'ninguém.'" Hermes lhe entrega um naco de vegetal. Ulisses volta para anunciar aos companheiros sua decisão de ir até lá, mas todos tentam dissuadi-lo: "Não vás. Se os outros não voltaram, é porque morreram". "Não, vou libertá-los", diz Ulisses. Engole então o contraveneno que Hermes lhe dera e vai encontrar a feiticeira. Esta logo o faz entrar. Ele está com a espada a seu lado. Circe o instala num lindo assento dourado. Ele não faz nenhuma alusão aos companheiros, e nada comenta quando ela vai buscar a bebida com o filtro, que lhe dá para tomar. Ulisses bebe, ela espera, observa-o, mas ele não se transforma em porco, continua a ser Ulisses e a olhá-la com um sorriso amável, até que, por fim, desembainha a espada e pula para cima dela. Circe compreende e lhe diz: "És Ulisses, eu sabia que contigo meu feitiço não funcionaria, o que desejas?". "Liberta primeiro meus companheiros", ele responde.

Nessa espécie de prova entre uma maga, que é tia de Medeia, e Ulisses — e, por intermédio dele, Hermes, deus mágico e criador de fantasmagorias —, terá lugar uma espécie de jogo e, finalmente, de acordo. Ulisses e Circe vão viver juntos, um casal de namorados extremamente feliz. Entretanto, primeiro, ela tem de libertar seus companheiros. Por que Circe os transformou em porcos? Ela reserva um destino semelhante a todos os viajantes que atracam em sua ilha. Por quê? Porque é uma solitária e tenta se cercar de seres vivos que não possam ir embora. Diz com toda a clareza que, transformando esses viajantes em porcos ou em outros bichos, o que deseja é que eles se esqueçam do regresso e do passado, é que se esqueçam de que são homens. De fato, é o que acontece aos companheiros de Ulisses. Contudo, mantiveram certa lucidez, certa forma de inteligência, de modo que, quando o veem, ficam muito felizes. Reconhecem-no. Circe toca-os com sua varinha. De repente, eles recuperam suas formas humanas e, inclusive, depois de passarem por essa prova, estão muito mais bonitos, mais jovens, mais agradáveis do que eram antes. A passagem pelo estado de porco foi uma espécie de iniciação, como se precisássemos imitar o caminho que leva à morte para, depois de tal experiência, ficarmos mais jovens, mais bonitos, mais vivos. É o que acontece com eles, ao mesmo tempo que voltam a ser homens. Circe poderia tê-los matado, e nesse caso eles não teriam mais o *noûs*, o pensamento: os mortos estão inteiramente envoltos na noite, não têm mais *noûs*. Com exceção de um único, Tirésias, que encontraremos daqui a pouco. No entanto, para os companheiros de Ulisses, não é propriamente a morte, é uma bestialização que os afasta do mundo humano, que os faz esquecer o passado mas os reveste, quando saem desse estado, de um novo brilho de juventude.

Em seguida, Ulisses e Circe vão viver um verdadeiro idílio, talvez até tenham tido filhos, como alguns afirmam, mas nada garante. Simplesmente se amam, fazem amor. Circe canta com sua linda voz e, naturalmente, Ulisses manda vir seus companheiros que haviam ficado para trás, de início muito desconfiados, mas ele não demora a convencê-los: "Vinde, vinde, não correis mais nenhum risco". Eles ficam por lá um bom tempo. Circe, essa feiticeira que agia mal ao transformar em porcos ou em animais selvagens todos os homens que via chegar, não é uma megera ou uma bruxa má. Quando estão ali, a seu lado, Circe faz tudo para que sejam felizes. No entanto, os companheiros de Ulisses, que evidentemente não têm os mesmos prazeres de seu senhor, pois não têm acesso ao leito de Circe, começam a achar que o tempo custa a passar. Quando lembram a Ulisses que ele deveria pensar no regresso, Circe não protesta, não tenta prendê-lo. Mas diz: "Se queres partir, vai, claro", e lhe dá todas as informações de que dispõe para que ele faça uma feliz viagem. Muito em especial, diz a Ulisses: "Escuta, a próxima escala de tua navegação deve te levar ao país dos cimérios, ali onde o dia nunca aparece, o país da noite, do nevoeiro eterno, onde se abre a boca do mundo infernal". Dessa vez, já não se trata apenas de ser jogado no extremo limite do humano, com o risco de esquecer o passado e a humanidade, mas de abordar as próprias fronteiras do mundo dos mortos. Circe explica a Ulisses o caminho que ele deve seguir: "Pararás teu navio em tal lugar, irás a pé, lá verás uma fossa, terás farinha contigo, pega um carneiro, degola-o, espalha seu sangue e verás subir do chão a multidão dos *eídola*, dos duplos, dos fantasmas, das almas dos mortos. Deverás então reconhecer e agarrar a de Tirésias, fazê-lo beber o sangue de teu carneiro para que ele recupere certa vitalidade e te diga o que deves fazer".

OS SEM-NOME, OS SEM-ROSTO

De fato, Ulisses e os companheiros vão parar lá. Ulisses cumpre os ritos necessários. Está diante da fossa, despeja a farinha, degola o carneiro, o sangue está pronto para ser bebido. Então, percebe que está vindo em sua direção a multidão formada pelos que não são ninguém, *oútis*, como ele pretendeu ser. São os sem-nome, os *nónymnoi*, os que não têm mais rosto, que não são mais visíveis, que não são mais nada. Formam uma massa indistinta de seres que outrora foram indivíduos, mas dos quais não se sabe mais nada. Dessa massa que desfila em sua frente sobe um rumor apavorante e indistinto. Eles não têm nome, não falam, é um barulho caótico. Ulisses é invadido por um medo terrível diante desse espetáculo que representa a seus olhos e ouvidos a ameaça de uma dissolução completa num magma disforme, sendo sua palavra tão hábil afogada num rumor inaudível, sua glória, sua fama e sua celebridade caindo no esquecimento. E ele ainda corre o risco de se perder nessa noite. Mas surge Tirésias.

Ulisses o faz beber e Tirésias lhe anuncia que ele voltará para casa, onde Penélope o aguarda, e também lhe dá notícias de todos. Agamêmnon morreu, e Ulisses enxerga as sombras de alguns heróis, vê sua mãe, reconhece Aquiles e o interroga. Tendo bebido um pouco desse sangue que lhe restitui a vitalidade, Aquiles fala. O que ele diz, nesse exato instante em que todos cantam sua glória, em que seu *kléos*, sua celebridade, brilha com luz viva no mundo inteiro, em que é o modelo do herói e em que se pretende que, mesmo nos infernos, sua superioridade seja reconhecida? Escutemo-lo: "Eu preferiria ser o último dos camponeses enlameados, lastimáveis, no meio do estrume, o mais pobre vivendo à luz do sol, a ser Aquiles neste mundo de trevas que é o Hades". O que diz Aquiles na *Odisseia* é o contrário do que proclamava a *Ilíada*. Aquiles, dizia-se, devia escolher entre uma vida breve e gloriosa e uma vida longa e sem glória, e para ele não havia hesitação nem dúvida: devia escolher a vida gloriosa, a morte heroica em plena juventude, pois a glória de uma vida breve que termina numa bela morte valia bem mais que todo o resto. Agora, diz exatamente o contrário. Já estando morto, se ainda pudesse escolher, preferiria ser um camponês pobre e piolhento nas paragens mais deserdadas da Grécia ao grande Aquiles no mundo dos mortos.

Ulisses ouve essa confissão e depois vai embora. Faz nova escala na ilha de Circe, que o recebe, alimenta-o, a ele e seus companheiros, oferece-lhe pão e vinho, e depois lhes indica o caminho a seguir. Muito em especial, a maneira como terão de enfrentar o terrível perigo das rochas errantes, as *Planctaí*, essas rochas que não são fixas e que se juntam na hora em que alguém passa entre elas. Para evitá-

-las, terão de navegar entre Caríbdis e Cila. Caríbdis é um precipício onde eles se arriscam a ser tragados, e Cila é uma rocha que sobe aos céus como um monstro que agarra e devora qualquer pessoa. Circe também os informa de que vão cruzar não só com as rochas gigantescas, tendo que fazer a escolha difícil entre esses dois perigos, Caríbdis e Cila, mas também com as Sereias, na pequena ilha onde vivem. Todo navio que passa diante dessa ilha e que ouve o canto das Sereias acaba se perdendo, porque os marinheiros não resistem ao charme dessa música e então o barco vai bater nos escolhos.

Ulisses chega em seu navio diante do rochedo onde estão as cantoras. Que faz o engenhoso herói? Consegue cera e, na hora em que avista a ilhota onde vivem empoleiradas as Sereias, que são pássaros-mulheres ou mulheres-pássaros, cantoras de bela voz, ele tapa com cera os ouvidos de todos os membros de sua tripulação, para que não escutem nada, mas ele mesmo não renuncia a escutar. Não é só o homem da fidelidade e da memória, mas, como no episódio do Ciclope, é aquele que quer saber, até mesmo o que não deve conhecer. Ulisses não quer passar ao lado das Sereias sem ter escutado seu canto, sem saber o que cantam e como cantam. Portanto, não tapa os ouvidos, mas se faz amarrar firmemente ao mastro, de modo a não poder se mexer. O navio passa e, na hora em que ele aborda a ilha das Sereias, há de repente o que os gregos chamam *galéne*: uma calmaria completa, o vento que para de soprar, mais nenhum barulho. O barco fica quase imóvel e eis que as Sereias entoam seu canto. O que cantam? Dirigem-se a Ulisses como se fossem as Musas, como se fossem as filhas da Memória, essas que inspiram Homero quando ele canta seus poemas, essas que inspiram o aedo quando ele conta as façanhas dos heróis. Dizem: "Ulisses, Ulisses, glorioso, Ulisses tão amado, vem, vem, escuta-nos, vamos te contar tudo, vamos cantar a glória dos heróis, cantar a tua própria glória".

Ao mesmo tempo que as Sereias revelam a Verdade com um V maiúsculo — portanto, exatamente tudo o que aconteceu —, a ilhota onde vivem é cercada por uma massa de cadáveres cujas carnes se decompõem ao sol, na praia deserta. São todos os que cederam a esse canto e que morreram. As Sereias são ao mesmo tempo o apelo do desejo de saber, a atração erótica — são a sedução em pessoa — e a morte. O que dizem a Ulisses, de certa forma, é o que dele se dirá quando não estiver mais aqui, quando tiver cruzado a fronteira entre o mundo da luz e o das trevas, quando tiver se tornado o Ulisses da história que os homens criaram e cujas aventuras estou aqui relembrando. Então, as Sereias lhe contam que ainda está vivo, como se ele já estivesse morto, ou melhor, como se estivesse num lugar e num tempo em que a fronteira entre vivos e mortos, entre a luz da vida e a noite da morte, ainda não está nitidamente traçada, e permanece incerta, transponível. Elas o atraem para essa morte que, para Ulisses, será a consagração de sua glória, essa morte que Aquiles diz que não desejaria, embora tenha desejado a glória quando ainda era vivo, porque só a morte pode dar aos humanos a fama que não fenecerá.

Ulisses ouve o canto das Sereias enquanto o barco passa devagar; debate-se para ir ao encontro das cantoras, mas seus marinheiros apertam as cordas com força. Finalmente, o barco se afasta para sempre das Sereias, e depois para perto das rochas que se juntam e se entrechocam. Ulisses escolhe Cila e não Caríbdis, e o resultado é que, na hora em que o barco passa, alguns marinheiros são agarrados por Cila, com suas seis cabeças e suas doze patas de cachorro, e devorados vivos. Só alguns, pouquíssimos, conseguem escapar. Chegam um pouco mais tarde a outra ilha, Trinácia, terra do sol. Na verdade, essa ilha pertence ao Sol, esse olho que tudo vê. Há ali rebanhos divinos, imortais, que não se reproduzem. O número deles é fixo, correspondendo ao dos dias do ano. Não se deve alterar esse total, nem para mais nem para menos. Todos são bichos fantásticos, e uma das revelações que Tirésias fez a Ulisses foi a seguinte: "Quando passares pela ilha do sol, em nenhuma hipótese deverás encostar em qualquer animal desse rebanho sagrado. Se não encostares, então terás chance de voltar ao lar. Se tocares, porás tudo a perder". Naturalmente, antes de atracar em Trinácia, Ulisses se lembra do conselho e o comunica à tripulação. "Vamos chegar a um lugar onde pastam os rebanhos do Sol, mas de jeito nenhum pode-se pôr a mão neles. Esses bichos são intocáveis, são sagrados. O Sol cuida deles com zelo e ciúme. Vamos comer nossas provisões no navio, e não pararemos nessa ilha." Mas seus marinheiros estão exaustos. Acabam de passar por graves perigos, alguns companheiros perderam a vida, estão esgotados, desmilinguidos, e respondem a Ulisses: "És feito de ferro para não querer parar!".

Euríloco toma a palavra em nome de toda a tripulação e diz: "Vamos parar". "Está bem", diz Ulisses, "mas só tocaremos nas provisões que Circe nos deu." A maga bebia néctar e ambrosia, mas ofereceu-lhes pão e vinho, alimentos humanos. O barco atraca, eles descem na praia deserta e comem suas provisões. No dia seguinte, levanta-se um vento de tempestade que vai soprar durante dias e dias, de tal modo que não podem mais ir embora. Estão bloqueados na ilha e aos poucos esgotam-se suas reservas, seus mantimentos. A fome os ataca, torce-lhes o ventre.

A fome é uma dessas entidades que o poeta Hesíodo menciona entre os filhos da Noite. *Limós*, Fome, faz parte dos filhos que a Noite gerou, ao mesmo tempo que Crime, Escuridão, Esquecimento e Sono. Esquecimento, Sono, Fome: esse trio sinistro de forças escuras, noturnas, está à espreita.

Ali, é a fome que se manifesta em primeiro lugar. Então, eles recorrem à pesca. Os marinheiros pegam um peixe de vez em quando, mas isso não é suficiente; não há quase nada para comer. Mais uma vez, Ulisses se afasta dos companheiros, sobe ao alto da ilha, para ver o que pode fazer, e adormece. De novo nosso Ulisses se vê envolto pela noite do sono enviado pelos deuses. Enquanto dorme, a fome tem o caminho livre para atacar e, pela boca de Euríloco, dirige-se a todos os companheiros: "Não vamos ficar aqui morrendo de inanição, olhai essas vacas fantásticas, só de vê-las já salivamos". Aproveitando a ausência de Ulisses, já que ele está murado em seu mundo noturno e não está mais ali vigiando, cercam o rebanho. Sacrificam vários animais que caçaram. Perseguem-nos, pegam-nos, degolam-nos e os põem para cozinhar. Jogam nacos de carne em caldeirões, assam outros na fogueira. Nesse momento, Ulisses acorda, no alto da ilha. Sente um cheiro de gordura e carne grelhada. Subitamente tomado por uma terrível angústia, dirige-se aos deuses: "Ó, deuses, me enganastes, me enviastes a escuridão deste sono, que não foi um sono leve, mas um sono de esquecimento e morte, e agora estou em presença deste crime". Desce e insulta os companheiros, mas estes, que se esqueceram dos conselhos e da promessa que haviam feito, só pensam em comer.

No entanto, manifestam-se prodígios: esses bichos, que foram cortados aos pedaços e cozidos, continuam a mugir como se estivessem vivos. Estão mortos mas ainda vivos, já que são imortais. Foi feito o sacrifício, de modo oblíquo e erradamente, como se fosse uma caçada a animais selvagens, e assim confundiram-se o selvagem e o civilizado. Agora, os prodígios se multiplicam, mas os companheiros de Ulisses continuam a comer, a se empanturrar, e depois adormecem. Logo as ondas amainam, o vento para. Eles sobem no barco, tornam a pegar o mar, e, mal deixam a ilha, Hélio se dirige, dessa vez não mais a Posêidon, mas a Zeus, a quem diz: "Olha o que fizeram! Mataram meus animais, tens que me vingar. Se não me vingares, eu, Sol, deixarei de brilhar para os deuses imortais no Éter, deixarei de brilhar para os humanos mortais que, na terra, veem sucederem-se o dia e a noite. Irei brilhar para aqueles lá embaixo, para os mortos! Descerei ao Hades e minha luz iluminará as trevas. E vós, tanto os deuses como os homens, ficareis na noite". Zeus o dissuade. "Encarrego-me de tudo", declara.

Por falta de vigilância, Ulisses deixou seus marinheiros cometerem o erro de confundir o sagrado e o profano, a caça e o sacrifício, misturar tudo, e agora há o risco de a noite ser iluminada pelo sol e de, ali onde ele brilha, essa mesma noite se instalar. Vão embora no barco, mas, mal se afastam uns poucos metros, Zeus, das alturas, enegrece o céu. O barco fica repentinamente envolto na escuridão, as vagas se levantam, cai um raio sobre o navio, o mastro se quebra, ao cair parte a cabeça do piloto, que, por sua vez, cai na água. O barco, sacudido, jogado para um lado e para outro, espatifa-se em mil pedaços. Todos os companheiros de Ulisses ficam como que transformados em bichos: parecidos com gralhas, atirados para um lado e para outro pelas ondas. Ulisses, agarrado num pedaço do navio, vai então andar à deriva durante nove dias. No final, as ondas vão jogá-lo, completamente exausto, numa praia da ilha de Calipso.

A ILHA DE CALIPSO

Com o navio fulminado e quebrado, todos os marinheiros de Ulisses se afogam e ficam boiando como gralhas atiradas pelo mar de um lado a outro. Ulisses é o único sobrevivente. Agarra-se a um mastro, um resto de navio, e logo a corrente o leva na direção oposta, ou seja, para Caríbdis, onde ele enfrenta uma situação dramática. Escapa quase por milagre. Durante mais nove dias, sozinho, exausto, vive no meio das ondas, ao sabor das correntes, indo para o fim do mundo. Quando está quase se afogando, o navegador náufrago chega à ilha de Calipso. É uma ilha do fim do mundo, não se localiza nem sequer nos confins do espaço marinho, é separada tanto dos deuses como dos homens por imensidões de água. Não fica em lugar algum. Ulisses está ali deitado, exaurido, e Calipso o recolhe. Ao contrário do que acontecera na ilha de Circe, quando os marinheiros de Ulisses e o próprio Ulisses tinham ido até a Ninfa implorar-lhe seu acordo, dessa vez é Calipso que salva Ulisses.

Lá ele vai morar durante uma eternidade, cinco, dez, quinze anos, pouco importa, pois o tempo não existe mais. Ele está fora do espaço, fora do tempo. Cada dia é parecido com o outro. Ulisses vive um interlúdio amoroso com Calipso, um interlúdio contínuo, apaixonado, sem contato com quem quer que seja, sem mais ninguém, numa solidão total a dois. Num tempo em que nada se passa, em que nada ocorre e não há fatos, todo dia é idêntico aos outros. Com Calipso, Ulisses está fora do mundo, fora do tempo. Ela é extremamente amorosa com ele, muito solícita. Mas é também, como indica seu nome *Kalypsó* — que vem do verbo grego *kalýptein*, "esconder"—, aquela que está escondida num espaço fora de tudo e esconde Ulisses de todos os olhares.

UM PARAÍSO EM MINIATURA

Na verdade, é assim que se inicia o relato de Homero sobre a aventura de Ulisses. Faz dez anos que o herói está escondido com Calipso. Continua com a Ninfa, chegou ao fim da viagem, ao fim de sua odisseia. É ali que tudo se decide. Com efeito, aproveitando o fato de que o deus Posêidon, que persegue Ulisses com seu ressentimento e seu ódio, não desconfia de nada, Atena vai intervir. Posêidon foi se encontrar com os etíopes, como faz com frequência, para se banquetear com esses seres míticos, sempre jovens, que exalam um cheiro de violeta, não conhecem a podridão e nem sequer precisam trabalhar, pois toda manhã, num prado, encontram comida, animal e vegetal, já pronta, cozida como na idade de ouro. Moram nas duas extremidades do mundo, a extremo leste e a extremo oeste. Posêidon visita-os nos dois confins do mundo, come e se diverte com eles. Assim, Atena aproveita a ocasião para explicar a seu pai Zeus que isso não pode continuar: todos os heróis gregos que não morreram na terra troiana nem no mar, ao regressarem, estão agora em suas terras, encontraram os seus, a casa e a esposa. Ulisses, o piedoso Ulisses, com quem ela tem relações privilegiadas, é o único que está recluso na ilha dessa Calipso. Diante da insistência da filha Atena e na ausência de Posêidon, Zeus toma sua decisão. Joga os dados e lança a sorte: Ulisses tem que voltar. Decisão algo apressada, pois para isso é necessário que Calipso o largue. Que Hermes se encarregue do assunto. Ele está muito descontente com a missão: nunca pôs os pés na ilha de Calipso, e compreende-se, pois é uma espécie de ilha em lugar nenhum. Fica longe dos deuses, longe dos homens. Para chegar lá, é preciso cruzar uma imensa extensão de água marinha.

 Hermes põe suas sandálias, é veloz como o raio, como o pensamento. Reclamando e dizendo que se dobra a essa missão por obediência e contra a sua vontade, desembarca na ilha de Calipso. Fica maravilhado ao descobrir essa ilha de lugar nenhum: a ilhota parece um paraíso em miniatura. Há jardins, bosques, fontes, nascentes, flores, grutas bem mobiliadas onde Calipso fia, tece, faz amor com Ulisses. Hermes fica deslumbrado. Aborda Calipso. Nunca se viram mas se reconhecem. "E então, meu caro Hermes, que vens fazer aqui? Não tenho o hábito de te encontrar." "De fato", Hermes responde, "se só dependesse de mim eu não teria vindo, mas tenho uma ordem de Zeus. As coisas estão decididas, deves deixar Ulisses partir. Zeus acha que não há razão para que só Ulisses, entre os heróis de Troia, não tenha voltado para casa." Calipso retruca: "Para de me contar lorotas, sei por que quereis que eu vos devolva Ulisses. É porque vós, os deuses, sois gente lamentável, pior que os humanos, sois ciumentos. A ideia de que uma deusa viva com um mortal é algo que não podeis suportar. Incomoda-vos a ideia de que há anos eu esteja aqui tranquilamente com este homem em meu leito". Sem escolha, ela acrescenta: "Mas está bem, aceito, vou mandá-lo de volta".

Hermes retorna ao Olimpo. Daí em diante, é o próprio relato que vai mudar radicalmente. O percurso de Ulisses o afastava do mundo dos homens, levava-o até o país dos mortos, entre os cimérios, até a extrema fronteira do mundo da luz, do mundo dos vivos. Agora ele está fora de combate, nessa espécie de parêntese do divino, isolado na extensão marinha. Suas perambulações se cristalizaram nesse duo de amor solitário com Calipso que dura há quase dez anos.

Que fazia Ulisses enquanto Hermes entrava na gruta de Calipso? Ele fora sozinho a um promontório, diante do mar terrivelmente encapelado, e chorava todas as lágrimas de seu corpo. Liquefazia-se, literalmente. Tudo o que tinha em si de vitalidade úmida lhe saía pelos olhos, pela pele, ele não aguentava mais. Por quê? Porque em seu coração havia o remorso de sua vida passada, o remorso por causa de Ítaca e de sua mulher Penélope. Calipso sabia, necessariamente, que Ulisses ainda pensava no regresso, que ele era o homem do retorno. Mas tinha a esperança de conseguir fazê-lo "esquecer o retorno", e também quem havia sido no passado. Como? Ulisses fora até o país dos mortos, lá ouvira, entre os espectros, Aquiles lhe dizer como é terrível estar morto, como é terrível essa espécie de fantasma sem vida e sem consciência que nos tornamos, essa sombra anônima que é o pior futuro que um homem possa imaginar. Calipso vai lhe oferecer, ao término dessa viagem e desses sofrimentos, ser imortal e permanecer jovem para sempre, não tendo mais que temer a morte e a idade provecta.

Ao formular a dupla promessa, ela sabia o que estava fazendo. Na verdade, há uma história que não podia ignorar, pois todos a conhecem: a Aurora, *Éos*, apaixonara-se por um lindo rapaz que se chamava Títono. Raptara-o para viverem juntos, e, com a desculpa de que não podia ficar longe do rapaz, pedira a Zeus a imortalidade para nunca mais se separar dele. Zeus, com um sorrisinho irônico, lhe dissera: "Aceito conceder a imortalidade". Assim sendo, no palácio do Olimpo onde Aurora morava, Títono chegara como um jovem, com o privilégio de nunca ter de morrer, mas ao fim de certo tempo ficou pior do que um velho, pois aos cento e cinquenta ou duzentos anos tornou-se igual a um inseto encarquilhado, que não podia mais falar nem se mexer, alimentando-se de nada. Um fantasma vivo.

IMPOSSÍVEL ESQUECIMENTO

Não é isso que Calipso oferece a Ulisses, e sim que ele seja um deus de verdade, isto é, um imortal sempre jovem. Para que os marinheiros de Ulisses se esquecessem do regresso, Circe os metamorfoseara em bichos, abaixo do humano. Calipso, por sua vez, propõe a Ulisses metamorfoseá-lo não em bicho, mas em deus, com o mesmo objetivo, a fim de que ele esqueça Ítaca e Penélope. O drama, o nó desta história, é que Ulisses deve enfrentar esse dilema. Ele viu o que era a morte, viu-a quando estava com os cimérios, na boca do inferno, viu-a também com as Sereias que, de sua ilha cercada de carniças, cantavam a sua glória. Assim, Calipso oferece-lhe a não morte e a eterna juventude, mas há um preço a pagar para que essa metamorfose se realize: que ele permaneça ali, que esqueça sua pátria. Além disso, se ficar com Calipso, vai continuar escondido, portanto deixará de ser ele mesmo, ou seja, Ulisses, o herói do regresso.

Ulisses é o homem da relembrança, disposto a aceitar todas as provas e todos os sofrimentos para cumprir seu destino, que é ter sido atirado nas fronteiras do humano e ter podido, e sabido, e sempre desejado, voltar e encontrar-se consigo mesmo. Agora, teria de abrir mão de tudo isso. Para os gregos, o que oferecem a Ulisses não é a imortalidade, mas a imortalidade anônima. Quando Atena, fantasiada de Mentor, velho sábio e amigo de Ulisses, vai a Ítaca visitar Telêmaco, que é filho de Ulisses, diz-lhe: "Teu pai é um homem muito esperto, muito astuto, tenho certeza de que vai voltar, prepara-te, terás de ajudá-lo. Portanto, vai até as outras cidades da Grécia saber se alguém tem notícias dele. Não fiques aí parado te lamentando, age". Telêmaco lhe responde que, primeiro, nada garante que se trate de seu pai: sua mãe Penélope lhe disse que Ulisses é seu pai, mas ele nunca o viu. De fato, Ulisses foi embora quando Telêmaco tinha poucos meses de vida.

Ora, Telêmaco tem vinte anos e faz vinte anos que Ulisses partiu. Telêmaco responde a Atena que seu pai é um desconhecido, e não só para ele, já que, pela vontade dos deuses, é uma criatura não vista, não ouvida, invisível e inaudível. Desapareceu como se as harpias o tivessem raptado e sumiu do mundo dos homens. Ninguém sabe que fim levou. E ele acrescenta: "Se pelo menos tivesse morrido combatendo em terras gregas, ou retornando com seus navios, seus companheiros o teriam trazido e teríamos erguido um outeiro com um *sêma*, uma pedra tumular com seu nome escrito. Assim, de certa forma estaria sempre aqui conosco. Em todo caso, teria legado, a mim, seu filho, e a toda a família, uma glória imorredoura, *kléos áphthiton*. Mas, agora, desapareceu do mundo, apagou-se, foi tragado, *akleôs*, sem glória". O que Calipso oferece a Ulisses é ser imortal, eternamente jovem, envolto numa nuvem de escuridão, sem que ninguém ouça falar dele, sem que nenhum ser humano pronuncie seu nome, sem que evidentemente nenhum poeta cante sua glória. Como diz Píndaro num de seus poemas, quando uma grande façanha foi realizada, não deve se manter "escondida". É o mesmo verbo — *kalýptein* — que está na origem do nome de Calipso. Para que essa façanha exista, é preciso o elogio poético de um grande aedo.

Claro, se Ulisses continuar na ilha de Calipso, não haverá mais *Odisseia*, e por conseguinte não haverá mais Ulisses. Então, o dilema permanece o mesmo: ou a imortalidade anônima — o que significa que, embora mantendo-se vivo para sempre, Ulisses terminará parecido com os mortos do Hades, que são chamados sem-nome, porque perderam sua identidade —, ou, se fizer a escolha oposta, uma existência mortal, é verdade, mas na qual Ulisses será ele mesmo, memorável, coroado de glória. Ulisses diz a Calipso que prefere voltar para casa.

Não há mais desejo, nem *hímeros* nem *éros*, por essa Ninfa cacheada com quem ele vive há dez anos. E, se vai dormir com ela essa noite, é porque assim quer Calipso. Ele não quer mais. Seu único desejo é reencontrar a vida mortal, e inclusive deseja morrer. Seu *hímeros* se dirige para a vida mortal; quer concluir sua vida. Diz-lhe Calipso: "És tão afeiçoado a Penélope, preferes Penélope a mim? Achas que ela é mais bonita?". "Ora essa, de jeito nenhum", responde Ulisses, "és uma deusa, és a mais bela, a maior, mais maravilhosa que Penélope, bem sei. Mas Penélope é Penélope, é minha vida, é minha esposa, é minha terra." "Muito bem", diz Calipso, "compreendo." E então ela cumpre as ordens e o ajuda a construir uma jangada. Juntos, abatem as árvores, ligam os troncos para formar uma jangada sólida com um mastro. Assim Ulisses deixa Calipso e tem início uma nova série de aventuras.

NU E INVISÍVEL

Ulisses navega nessa jangada. Vai tudo bem. Depois de vários dias de navegação, avista como que um escudo pousado sobre o mar: a ilha dos feácios. É nesse momento que Posêidon, que terminou de se banquetear com os etíopes, parte para o Olimpo. Do alto do céu, vê uma jangada, onde há um sujeito agarrado ao mastro, e reconhece Ulisses. Fica furioso de raiva. Fazia dez anos que não ouvia mais falar desse gaiato, mas então compreende que os deuses decidiram de outra forma e que Zeus tomou sua decisão. Não consegue resistir. Fulmina mais uma vez a jangada, que explode, e Ulisses sai nadando no meio das ondas violentas, bebendo água e prestes a morrer. Felizmente, neste instante outra divindade o avista, Ino-Leucótea, a deusa branca, que às vezes aparece aos náufragos nas grandes tempestades e os salva. Aproxima-se de Ulisses e lhe entrega um véu e um cinto, dizendo-lhe: "Põe sobre ti e não morrerás. Mas, antes de pisares em terra firme, joga-o fora". Ulisses pega o véu, nada com dificuldade, aproxima-se da costa, mas a cada tentativa de atracar é afastado pela ressaca. Finalmente, vê um pouco mais adiante uma espécie de pequeno porto, um lugar onde deságua um rio, uma torrente. Por conseguinte, ali as ondas não se quebram contra os rochedos. Joga fora o talismã, caminha tateando e se deita um pouco mais acima, numa ladeira, escondido sob um monte de folhagens, conjeturando quem mora ali, e que novo perigo o ameaça. Resolve não pregar o olho, apesar da exaustão. Não dorme há várias noites, está com o corpo imundo, pois ficou no mar dias e dias. Está coberto de sal, seus cabelos também estão sujos, está barbado. Deita-se e logo Atena, que havia tempos não intervinha, aparece e o adormece.

Essa ilha dos feácios fica a meio caminho entre o mundo dos homens — o de Ítaca, o da Grécia — e um mundo extraordinário, milagroso, onde os canibais vivem lado a lado com as deusas. A vocação dos feácios é, justamente, a de serem "passadores". São marinheiros que dispõem de barcos mágicos, que navegam sozinhos, a toda velocidade, em todas as direções que se queira, sem que se precise dirigi-los nem propulsá-los com o remo. São um pouco como Hermes, deus da viagem e das passagens, força do vaivém entre um mundo e outro. Além disso, a ilha não está em contato direto com o mundo exterior. Os feácios são "passadores", mas ninguém vai à terra deles, nenhum estrangeiro humano jamais aparece por lá. Em compensação, vez por outra os deuses vão dar uma voltinha na ilha, onde se apresentam como são, sem nenhum disfarce.

Ulisses está escondido nesse mato, dormindo, quando chega a aurora. No palácio real, mora a filha do rei, de quinze ou dezesseis anos. Está em idade de se casar, mas talvez não seja fácil encontrar na Feácia um homem capaz de corresponder ao que o pai espera de um genro. À noite, ela sonhou, e provavelmente foi Atena que orientou seu sonho: sonhou com um marido possível e, de manhã, convocou suas criadas, que acorreram e recolheram toda a roupa da casa para ser lavada nas águas claras de uma torrente. Toda a roupa estava num carrinho puxado por bestas de carga. Em seguida, as criadas puseram para secar, sobre os rochedos, os lindos tecidos, os lençóis e todo o resto. Já com a roupa limpa, as jovens se divertem em jogar bola. Uma delas, desajeitada, não pega a bola que Nausícaa lhe lança e deixa-a cair na torrente. As criadas dão gritos agudos.

Ulisses, que acorda sobressaltado, sai do meio das folhagens e olha a cena. Está nu em pelo, horrível de se ver. Preocupado, lança uns olhares penetrantes e sinistros. Diante desse espetáculo, todas as moças fogem como pássaros assustados. Todas menos uma, Nausícaa, a mais alta, a mais bela, e que, ao lado dessas moças, comporta-se como Ártemis no meio de suas criadas, isto é, sempre com certa altivez. Nausícaa não sai do lugar. Ulisses a vê. Ela o olha e deve estar se perguntando quem é esse homem horroroso, esse monstro, mas não se mexe. É a filha do rei. Então, Ulisses, que é horrível de ser visto mas agradável de ser ouvido, pois é o homem da palavra hábil, lhe pergunta: "Quem és tu? És uma deusa em companhia de tuas criadas? Sou um náufrago, infelizmente atirado neste lugar. Quando te vejo, penso na jovem palmeira que vi outrora em Delos durante uma de minhas viagens, jovem palmeira esbelta que se erguia reta até o alto do céu. Só de vê-la eu ficava maravilhado, extasiado diante dela, e tu, jovem, és a mesma coisa, olhando-te e vendo-te fico maravilhado". E ela responde: "Tuas palavras desmentem teu aspecto, não tens jeito de um malvado, de um *kakós*". Chama as moças e pede que cuidem desse homem. "Dai-lhe algo para se lavar e se vestir." Ulisses entra na torrente, livra-se de toda a sujeira que cobre sua pele, lava-se, veste as roupas. Depois disso, Atena, é claro, despeja sobre ele a graça e a beleza. Torna-o mais bonito, mais jovem, mais forte, e joga sobre ele a *kháris*, a graça, o brilho, o charme. Assim, Ulisses resplandece de beleza e sedução. Nausícaa o olha e, confidencialmente, diz às criadas: "Há pouco esse homem me parecia indecoroso, pavoroso, pouco parecido, *aeikélios*, com os deuses que moram no céu, e agora é parecido, *eíkelos*".

A partir daí germina na cabeça de Nausícaa a ideia de que esse estrangeiro, enviado pelos deuses, está de certa forma disponível, e que se abre diante dela a possibilidade de ter um esposo: o marido com quem sonhava. Quando Ulisses lhe pergunta o que deve fazer, ela lhe pede que vá até o palácio de seu pai Alcínoo e de sua mãe Areta. "Irás até lá tomando certas precauções; vou retornar ao palácio, carregar as mulas com a roupa, vou embora com minhas mulheres, mas fica sabendo que não devem nos ver juntos. Primeiro, porque aqui não se veem estrangeiros, todos se conhecem, se percebem alguém que não conhecem, vão se interrogar, e se além disso te virem em minha companhia, imagina o que poderiam pensar.

Portanto, partirás depois de mim, seguirás a estrada até tal lugar, e depois entrarás no belo palácio, cercado de jardins maravilhosos que em todas as estações dão flores e frutas. Há também um porto com lindos barcos. Entrarás na sala e irás te jogar aos pés de minha mãe Areta, beijarás os joelhos dela, pedirás hospitalidade. Antes de chegares ao palácio não pararás na estrada e não falarás com ninguém."

Nausícaa se afasta e Ulisses observa uma pequena jovem. É Atena disfarçada, que assumiu esse aspecto. Ela lhe diz: "Seguirás as indicações da filha do rei, mas ao mesmo tempo vou te tornar invisível, a fim de que não tenhas nenhum contratempo em teu trajeto. Enquanto fores invisível, também não olhes para ninguém. Não cruzes com nenhum olhar, pois para ser invisível não se deve olhar ninguém".

Ulisses segue à risca todas essas recomendações, chega ao palácio e se joga aos pés da rainha. Na hora de atravessar a sala onde está reunida toda a nobreza feácia, mantém-se invisível. Aproxima-se do trono onde estão sentados, lado a lado, o rei Alcínoo e a rainha Areta. Só então Atena dissipa a nuvem e, estarrecidos, os feácios descobrem o estrangeiro abraçando os joelhos de sua rainha. Areta e Alcínoo resolvem acolhê-lo como hóspede. Dão uma grande festa, durante a qual Ulisses demonstra qualidades atléticas incomparáveis. Um dos filhos do rei o provoca um pouco, mas Ulisses mantém o sangue-frio. Arremessa o disco mais longe do que o outro e prova assim que é um homem de valor, um herói. Um aedo canta. Ulisses está sentado ao lado do rei e o aedo começa a cantar a guerra de Troia. Conta os feitos e a morte de alguns companheiros de Ulisses. Nesse momento, Ulisses não consegue mais se conter, baixa a cabeça, puxa a roupa para os olhos a fim de que não vejam que está chorando, mas Alcínoo percebe a manobra; compreende que o homem sentado a seu lado, se está tão transtornado por esse canto, é porque deve ser um dos heróis aqueus. Manda parar o canto e, de certa forma, é Ulisses que substitui o aedo; é ele que vai declinar sua identidade — "Sou Ulisses" — e contar, à maneira de um aedo, grande parte de suas aventuras.

O rei decide levar Ulisses para Ítaca. Faz isso porque deve fazer, não sem tristeza, pois também pensou em sua filha. Dá a entender a Ulisses que, se quiser ficar com eles, os feácios, e dormir com Nausícaa, será um genro ideal. Asseguraria a continuidade da realeza feácia. Ulisses explica que seu mundo e sua vida estão em Ítaca e que, por conseguinte, precisa da ajuda do rei para reencontrá-los. À noitinha, reúnem diversos presentes, enchem um dos navios dos feácios, e Ulisses sobe num barco. Despede-se de todos, do rei, da rainha e de Nausícaa, assim como dera adeus a Calipso e a Circe. O barco voga e vai encontrar as águas humanas. O navio transporta Ulisses desse mundo de lugar nenhum, onde ele viveu nas fronteiras da humanidade, nas margens da luz e da vida, para sua pátria, sua casa, Ítaca.

UM MENDIGO AMBÍGUO

Assim que entra no barco, ele adormece, e o navio vai singrando sozinho. Os marinheiros feácios chegam a uma praia de Ítaca onde se veem uma oliveira, a entrada de uma gruta das Ninfas e as alturas montanhosas. É uma espécie de porto natural com duas grandes paredes rochosas, uma de frente para a outra. Os feácios colocam Ulisses adormecido na praia, debaixo dessa oliveira, e vão embora como tinham chegado. Mas Posêidon, do alto do céu, viu como as coisas aconteceram. Mais uma vez ele foi enganado: Ulisses está de volta. O deus resolve se vingar dos feácios. Quando o barco chega em frente à Feácia, ele dá um golpe com seu tridente, o navio é transformado em pedra e, enraizado no mar, torna-se uma ilhota rochosa. Os feácios não poderão mais servir de intermediários entre os mundos. A porta pela qual, no início do relato, Ulisses passou e que ele acaba de cruzar antes de pegar o barco, essa porta é fechada para sempre. O mundo humano forma um todo e agora Ulisses faz parte dele.

De manhãzinha, acorda e olha essa paisagem que lhe é tão familiar, onde passou toda a sua infância, e não a reconhece. Na verdade, Atena resolveu que antes de voltar para casa nosso herói devia sofrer uma transformação radical. Por quê? Porque durante sua ausência, sobretudo nos dez últimos anos, uma centena de pretendentes, considerando que Ulisses estava morto, ou pelo menos desaparecido para sempre, vivem na casa dele. Ali eles se encontram, passam o tempo, comem, bebem, dizimando os rebanhos, esvaziando as reservas de vinho e trigo, esperando que Penélope se decida por um deles, o que ela não quer fazer. Penélope usou mil astúcias, alegou que não podia se casar antes de ter certeza de que o marido estava morto. Depois, que não podia se casar antes de ter preparado uma mortalha para o sogro, um pano no qual o enterrariam. Então, instala-se no aposento das mulheres, enquanto os pretendentes, no salão onde festejam com banquetes, uma vez terminada a refeição, dormem com as criadas que aceitaram trair a causa de seus patrões. Ali cometem mil outras loucuras.

Penélope, em seu quarto, tece seu pano o dia inteiro, mas quando anoitece desfaz todo o trabalho. Assim, durante quase dois anos ela conseguiu enganar os pretendentes, argumentando que o trabalho ainda não estava terminado. Mas uma das criadas acabou revelando a verdade aos pretendentes, que então exigiram uma decisão de Penélope. Naturalmente, o que Atena quer evitar é que Ulisses reproduza o erro de Agamêmnon, ou seja, que chegue com sua verdadeira identidade e caia na cilada que lhe reservam os que o esperam. Portanto, tem de aparecer disfarçado, incógnito. Para que não o identifiquem, também é preciso que ele não reconheça a paisagem familiar de sua pátria. Quando Atena apareceu para Ulisses na praia deserta onde ele desembarcou, explicou-lhe a situação: "Há os pretendentes, deves matá-los, precisas contar com o apoio de teu filho Telêmaco, que voltou, de Eumeu, o porqueiro, do boiadeiro Filécio, e assim conseguirás talvez derrotá-los. Vou te ajudar, mas primeiro preciso transformar-te completamente". Ele aceita a proposta e Atena o faz ver Ítaca tal como ela é na verdade.

A nuvem se dissipa e ele reconhece sua pátria. Da mesma forma que Atena despejara sobre ele a graça e a beleza no encontro com Nausícaa, agora derrama sobre Ulisses a velhice e a feiura. Seus cabelos caem, ele se torna careca, sua pele murcha, seus olhos ficam remelentos, ele está torto, coberto de farrapos, fedendo, em tudo parecendo um mendigo miserável. Na verdade, o plano de Ulisses é ir a seu palácio, fingir que é um pobre coitado, um maltrapilho implorando por comida, aceitando todas as injúrias que lhe fizerem, e assim conseguir avaliar a situação, encontrar cúmplices e pegar seu arco. Esse arco, que só ele é capaz de retesar, Ulisses tentará apanhá-lo na primeira ocasião, como quem não quer nada, para matar os pretendentes.

Chega às portas do palácio, cruza com o velho Eumeu, seu porqueiro. Pergunta-lhe quem é ele e quem são os que estão na casa. Eumeu responde: "Meu patrão, Ulisses, partiu há vinte anos, não se sabe que fim levou, é uma terrível desgraça, tudo está vindo abaixo: os pretendentes estão nas muralhas, a casa está arruinada, eles saqueiam os alimentos, os rebanhos, todo dia tenho de chegar com leitões para alimentá-los, é terrível". Os dois vão caminhando até a entrada do palácio, e neste momento Ulisses avista perto da porta, em cima de um monte de lixo, ali onde de manhã se jogam todas as imundícies da casa, o cachorro Argos. Está com vinte anos, parece-se com Ulisses, é seu dublê em forma de cachorro, isto é, repugnante, piolhento, fraco, a tal ponto que quase não pode mais se mexer. Ulisses pergunta a Eumeu: "Como era esse cachorro quando era mais jovem?". "Ah, fantástico. Era um cão de caça, agarrava as lebres, não perdia nenhuma, e as trazia..." "Ah, sei", diz Ulisses, que continua a caminhar. No entanto, o velho Argos levanta um pouco o focinho e reconhece seu dono, mas não tem mais forças para se deslocar. Simplesmente abana o rabo, levanta as orelhas.

Ulisses vê esse velho cão, por mais decrépito que seja, reconhecê-lo, do jeito como os cães reconhecem: por um faro imediato. Os humanos, para identificarem Ulisses depois de tantos anos, tantas mudanças, precisarão de *sémata*, sinais, indícios, que lhes servirão de provas; vão refletir sobre esses signos para reconstituírem a identidade de Ulisses. O cão não precisa de nada disso: de relance sabe que é Ulisses, pelo faro. Ao ver seu velho cão, Ulisses fica totalmente transtornado, à beira das lágrimas; logo se afasta. O cão morre, Eumeu nada percebe. Continuam a caminhar. Na soleira do palácio, encontra um outro mendigo, Iro, mais jovem do que Ulisses aparenta ser. Iro é o mendigo titular, vive ali há vários meses, recebe insultos e golpes enquanto os pretendentes se divertem em suas farras. Dirige-se logo a Ulisses disfarçado de mendigo: "Mas o que fazes aqui? Dá o fora, é meu lugar, não fiques aqui, não terás nada". Ulisses responde: "Veremos". Entram juntos. Os pretendentes estão à mesa, em plena refeição, as criadas lhes servem bebidas e comida. Riem ao ver dois mendigos em vez de um. Iro começa a puxar briga com Ulisses e os pretendentes se divertem, pensando que, como Iro é mais moço, vai facilmente derrotar o outro, que é velho. Primeiro, Ulisses se nega a brigar, depois aceita resolver a parada aos socos. Todos observam. Ulisses levanta um pouco a túnica e os pretendentes descobrem que o velho flácido tem coxas ainda firmes e que o fim da luta não é tão evidente. Começa a briga e, num piscar de olhos, Ulisses liquida com Iro, sem recorrer à força, em meio às exclamações alegres de toda a plateia que grita: "Bravo!". Ulisses joga Iro fora do palácio, mas em seguida é vítima de uma série de insultos e humilhações: um dos pretendentes não se contenta com palavras. Por cima da mesa, com toda a força, manda-lhe um pé de boi para feri-lo, que toca em seu ombro e de fato o machuca. É Telêmaco que acalma os ânimos, declarando: "Este homem é meu hóspede, não quero que ele sofra insultos nem maus-tratos".

UMA CICATRIZ ASSINADA ULISSES

Ulisses é reconhecido por algumas pessoas de quem ele quer ajuda. Primeiro, por Telêmaco, que voltou de uma expedição organizada para recolher notícias de seu pai. Ao retornar, escapou de uma cilada que os pretendentes, sabendo de sua partida, armaram para ele. Queriam aproveitar para matá-lo e em seguida poderem se casar com Penélope sem nenhum obstáculo. Casar-se com Penélope era meter-se no leito de Ulisses, a cama real, e portanto tornar-se soberano de Ítaca. Avisado por Atena, Telêmaco escapa da armadilha, desembarca em outro lugar e vai diretamente à casa de Eumeu.

Primeiro encontro entre Telêmaco e Ulisses. Eumeu sai para avisar Penélope que seu filho está vivo. Ulisses e Telêmaco estão sozinhos na cabaninha do porqueiro, Atena aparece. Ulisses a vê, os cães também farejam sua presença, estão apavorados, seus pelos se eriçam, baixam o rabo, se escondem debaixo da mesa. Quanto a Telêmaco, não vê nada. A deusa convida Ulisses a acompanhá-la lá fora. Toca-o com sua vara mágica e Ulisses retoma sua antiga aparência. Não é mais uma pessoa pavorosa, agora se parece com os deuses que moram no vasto céu. Telêmaco, ao vê-lo entrar na cabana, não acredita em seus olhos: como um velho mendigo pode se tornar um deus? Ulisses se dá a conhecer, mas seu filho não quer acreditar se não tiver uma prova. Ulisses não a fornece, mas repreende-o como um pai a um filho. "Vamos parar com isso? Tens teu pai diante de ti e não o reconheces?" Telêmaco, é claro, não pode reconhecê-lo, pois nunca o viu. "Estou te dizendo que sou Ulisses." Impondo-se assim, Ulisses se situa na posição de pai de Telêmaco. Este, até então, não tinha nenhuma posição definida, pois ainda não era um homem, mas tampouco era uma criança, dependia de sua mãe embora quisesse ser independente. Estava numa posição ambígua, mas o fato de seu pai estar ali, esse pai de quem ele nem sequer sabia se ainda estava vivo e que talvez não fosse o seu, apesar do que tinham lhe dito — o fato de ver seu pai ali na sua frente, em carne e osso, falando como um pai ao filho, não só faz com que Telêmaco se sinta confirmado em sua identidade de filho, como faz Ulisses se sentir confortado em sua posição de pai. Um e outro tornam-se os dois termos de uma relação social, humana, constitutiva de suas identidades.

Com a ajuda de Eumeu e Filécio, vão em seguida tentar montar a operação de vingança. Nesse meio-tempo, por pouco o plano de Ulisses não falhou. Penélope pedira para receber aquele velho mendigo, cuja presença lhe fora comunicada por Telêmaco e com quem, disse-lhe a governanta Euricleia, os pretendentes se mostraram muito grosseiros. Recebe-o e interroga-o como faz com todos os viajantes de passagem, para saber se não teria visto Ulisses. Naturalmente, o mendigo lhe conta uma dessas mentiras de que é useiro e vezeiro. "Não só o vi, há muito tempo, há quase vinte anos, por ocasião de sua partida para Troia, quando ele passava por nossa casa, como meu irmão Idomeneu partiu para combater a seu lado.

Eu era jovem demais. Dei-lhe um monte de presentes." A rainha ouve esse relato pensando se é verídico ou não. "Dá-me uma prova do que dizes. Podes me dizer que roupa ele usava?" Ulisses, é claro, descreve em detalhes o tecido fino e, sobretudo, uma joia preciosa que Penélope lhe dera, uma joia cinzelada que representava um filhote correndo... Então diz Penélope: "É isso mesmo, ele está dizendo a verdade". E por isso sente um ímpeto de afeto por esse velho decrépito, pensando que ele de fato viu e ajudou Ulisses. Pede à ama Euricleia que cuide dele, lhe dê banho, lave seus pés. É então que a ama declara a Penélope que ele se parece com Ulisses, embora caiba indagar como isso era possível depois da metamorfose que Atena lhe impusera. "Tem as mesmas mãos e os mesmos pés." Penélope responde: "Não exatamente: tem as mãos e os pés que Ulisses deve ter agora, depois de vinte anos de envelhecimento e sofrimento, se ainda estiver vivo".

A identidade de Ulisses é problemática. Não só está disfarçado de mendigo, mas ele foi embora aos vinte e cinco anos, e está agora com quarenta e cinco. Conquanto suas mãos sejam as mesmas, não são idênticas. Ele é ao mesmo tempo igual e diferente. Porém, a ama garante que os dois se parecem e diz a Ulisses: "Entre todas as pessoas que vieram aqui, viajantes e mendigos que recebemos como hóspedes, és o que mais me lembra Ulisses". "Sim, sim", diz Ulisses, "já me disseram." Então ele pensa que, ao lavar seus pés, Euricleia verá uma cicatriz especial que poderá, revelando cedo demais sua identidade, deixá-lo embaraçado e fazê-lo fracassar em sua iniciativa.

Pois quando Ulisses era bem jovem, quando tinha quinze ou dezesseis anos, fora à casa do avô materno para passar por sua iniciação de *koûros*, isto é, do estado de criança ao de adulto; para o jovem armado de uma lança, tratava-se de enfrentar sozinho, sob o controle dos primos, um enorme javali e derrotá-lo — o que ele fez, mas o javali, ao atacar, abrira-lhe a coxa na altura do joelho. Ele voltara de lá todo contente, mas com essa cicatriz que mostrava a todos, e contava em detalhes o que acontecera, como cuidaram dele, como lhe deram presentes. Evidentemente, Euricleia acompanhara tudo isso de perto, pois era sua ama: anos antes, quando o avô, Autólico, chegara para o nascimento da criança, ela estava carregando o bebê no colo; pedira a Autólico que escolhesse um nome para seu neto. Assim foi dado o nome Ulisses. Como uma de suas funções era lavar os pés dos hóspedes, Euricleia devia ser especialista em todo tipo de pés. Ulisses refletiu: "Se vir a cicatriz, vai compreender. Será para ela um *sêma*, o sinal de que sou Ulisses, minha assinatura".

Assim sendo, ele se mete num canto escuro para que a ama nada enxergue. Ela vai buscar água quente numa bacia, pega o pé de Ulisses no escuro, passa a mão em seu joelho, sente o calombo, olha, deixa cair a bacia, a água se espalha. Dá um grito. Ulisses põe a mão em sua boca: ela entendeu. Olha para Penélope, para que esse olhar transmita à esposa a notícia de que aquele homem é Ulisses. Atena faz com que Penélope não cruze o olhar da ama e não saiba de nada. "Mas, meu pequeno Ulisses", murmura Euricleia, "como não te reconheci logo?" Ulisses faz a ama se calar. Ela o reconheceu, mas Penélope deve continuar na ignorância. Ao porqueiro, ao boiadeiro, Ulisses também mostrará sua cicatriz para provar que é ele mesmo.

RETESAR O ARCO SOBERANO

Por influência de Atena, Penélope decide que a pilhagem à sua casa já durou bastante. Assim sendo, resolve dar um jeito nisso. Sai de seu quarto, ainda embelezada pelos cuidados de Atena, desce e vai anunciar aos pretendentes e a Ulisses, todos subjugados de admiração, que abandonará seu retiro permanente. "Aquele dentre vós que for capaz de retesar o arco de meu marido e de atravessar a série de alvos que vamos pôr no salão, este será meu marido e a questão estará resolvida; por conseguinte, desde agora já se pode preparar o casamento, isto é, decorar a casa e aprontar a festa." Os pretendentes estão radiantes: cada um deles está convencido de que conseguirá retesar o arco. Penélope entrega a Eumeu o arco e o estojo cheio de flechas que ela tirou de um esconderijo. Logo se retira e volta para seus aposentos. Deita-se na cama, onde Atena lhe despeja esse sono suave e calmo a que ela aspira.

Ulisses faz com que as portas do salão sejam fechadas para que ninguém possa sair e para que os pretendentes não tenham suas armas à mão. Nesse momento começa a grande cerimônia do arco. Todos tentam retesá-lo, em vão. Finalmente, Antínoo, o que mais provavelmente conseguiria, também fracassa. Telêmaco anuncia então que vai tentar a façanha, o que significa que, de certa forma, ele é Ulisses e que, por conseguinte, sua mãe ficará com ele e não tornará a se casar. Tenta, está prestes a conseguir, mas também fracassa. Ulisses pega o arco nas mãos e diz, ainda com a aparência de um pobre mendigo: "Também vou tentar". Obviamente, os pretendentes o insultam: "Estás louco, perdeste a cabeça, não imaginas que vais te casar com a rainha?". Penélope, que desceu de seus aposentos, retruca que, no caso dele, não está em jogo o casamento, mas só sua competência em atirar com o arco. Ulisses declara que evidentemente não quer se casar com ela, mas que no passado era um bom atirador e que quer ver se ainda é capaz de acertar. "Estás zombando de nós", protestam os pretendentes, mas Penélope insiste: "Não, deixai-o atirar, se este homem, que outrora viu meu marido em sua juventude, conseguir, vou oferecer-lhe muitos presentes, vou instalá-lo, dar-lhe os meios de ir para outro lugar, vou tirá-lo de sua condição miserável de mendigo, vou lhe dar uma casa". Em nenhum instante pensa que ele poderia ser um futuro esposo. Sem esperar, volta para o retiro das mulheres.

Ulisses pega o arco, retesa-o sem maior esforço, lança uma flecha e mata um dos pretendentes, Antínoo, para grande surpresa de todos os outros, que exclamam, indignados, que esse louco é um desajeitado, um perigo público, que não sabe atirar com o arco. Em vez de mirar no alvo, atirou num dos homens presentes. Mas Ulisses mata-os a todos, ajudado por Telêmaco, pelo boiadeiro e pelo porqueiro. Os pretendentes tentam escapar, mas os cem são imolados.

O salão está cheio de sangue. Penélope, que subiu para seus aposentos, não viu nada, não ouviu nada, porque, novamente, Atena a adormeceu. Eliminam os cadáveres dos pretendentes, lavam e purificam o salão, arrumam tudo. Ulisses se informa para saber quais são as criadas que dormiram com os pretendentes e dá ordens para que sejam castigadas. Como perdizes, elas são presas no teto, formando um círculo, e são todas enforcadas. Cai a noite. No dia seguinte, fingem estar preparando as núpcias para que os pais dos pretendentes não desconfiem do massacre de seus filhos. Fazem como se a casa estivesse fechada por causa das bodas. Há música, todo o palácio ecoa o barulho da festa. Euricleia sobe depressa as escadas para acordar Penélope: "Desce, os pretendentes morreram, Ulisses está embaixo". Penélope não consegue acreditar: "Se fosse outra pessoa e não tu que me contas essas lorotas, eu a poria para fora. Não brinques com minhas esperanças e minha dor". A ama insiste: "Vi a cicatriz, reconheci-o, Telêmaco também. Ele matou todos os pretendentes, não sei como, não estava lá, não vi nada, apenas ouvi".

Penélope desce, com sentimentos muito confusos. De um lado, espera que seja mesmo Ulisses, e ao mesmo tempo duvida que ele tenha conseguido, só com Telêmaco, matar a centena de jovens guerreiros que havia ali. Esse homem que seria Ulisses lhe contou mentiras quando disse ter encontrado seu esposo vinte anos antes. Contou-lhe "mentiras muito parecidas com a realidade"; assim sendo, o que prova que também não esteja mentindo agora? Ela chega ao salão, hesita em correr até ele e fica imóvel. Ulisses, sob seu aspecto de velho mendigo, está diante dela, de olhos baixos, não diz uma palavra. Penélope não consegue falar, pensa que esse velho não tem nada a ver com o seu Ulisses. Está numa posição diferente dos outros. Com o retorno de Ulisses, os outros passam a ter um estatuto social definido. Telêmaco precisava de um pai e, quando Ulisses aparece, volta a ser seu filho. O pai de Ulisses precisa reencontrar um filho. Assim como os criados precisam de um patrão de quem estavam privados, cada um necessitava, para ser ele mesmo, restaurar a relação social em que se fundava seu estatuto. Penélope, por sua vez, não precisa de um marido, não é um esposo que procura; há anos uma centena de homens pretendem conquistar esse título e a cortejam, e muito a aborrecem. Não quer um marido, quer Ulisses. Quer esse homem. Quer mais exatamente "o Ulisses de sua juventude". Nenhum dos sinais que são convincentes aos olhos dos outros, nenhum desses sinais públicos, que são a cicatriz e o fato de que ele retesou o arco, lhe fornecem a prova de que se trata mesmo do seu Ulisses. Outros homens poderiam apresentar os mesmos sinais. Ela quer Ulisses, isto é, um indivíduo singular, que foi seu marido no passado e que desapareceu por vinte anos; é esse fosso dos vinte anos que deve ser preenchido. Portanto, quer um sinal secreto que só ele e ela possam conhecer, e existe um. Penélope precisa ser mais esperta que Ulisses. Sabe que ele é capaz de mentir, então vai lhe armar uma cilada.

UM SEGREDO COMPARTILHADO

No mesmo dia, mais tarde, Ulisses foi metamorfoseado por Atena para recuperar sua própria aparência: Ulisses vinte anos mais velho. Assim, apresenta-se diante de Penélope em toda a sua beleza de herói, mas ela ainda não consegue se decidir a reconhecê-lo. Critica-se Penélope por ter um coração de pedra. Mas foi justamente seu coração de bronze que lhe permitiu resistir a tudo o que os pretendentes a fizeram sofrer. "Se este homem é mesmo o único Ulisses, nós nos descobriremos, pois há entre nós um sinal secreto e seguro, um sinal irrefutável que só ele e eu conhecemos." Ulisses sorri, pensa que vai tudo bem. Quando cai a noite, a esperta Penélope pede às criadas que tragam a cama de seu quarto para Ulisses, porque não vão dormir juntos. Mas, mal dá essa ordem, Ulisses fica furioso, tem um verdadeiro acesso de raiva: "Como? Trazer a cama para cá? Mas essa cama não pode sair do lugar!". "Por quê?" "Porque", exclama Ulisses, "fui eu que a construí; não a fiz móvel em cima de quatro pés, já que um de seus pés é uma oliveira enraizada na terra, e foi sobre essa oliveira, talhada e cortada, intacta no solo, que construí o leito. Ele não sai do lugar." Diante dessas palavras, Penélope cai em seus braços: "És Ulisses".

Obviamente, o pé da cama tem múltiplos significados. É fixo, imutável. A imutabilidade do leito nupcial é a expressão da imutabilidade do segredo que ambos compartilham, é a imutabilidade da virtude de Penélope e da identidade de Ulisses. Ao mesmo tempo, o leito onde um e outro se unem é também o que confirma e consagra o herói em suas funções de rei de Ítaca. A cama em que dormem o rei e a rainha está enraizada no mais profundo da terra de Ítaca. Representa os direitos legítimos do casal de reinarem nesta terra e de serem um rei e uma rainha de justiça, ligados à fecundidade do solo e dos rebanhos. Porém, mais que isso, esse sinal secreto, que só eles compartilham e guardam na memória, apesar dos anos, evoca sobretudo o que os une e faz deles um casal: a *homophrosýne*, isto é, a comunidade de pensamento. Quando Nausícaa se entusiasmou e, diante de Ulisses, evocou um casamento, disse-lhe que a *homophrosýne* era a coisa mais importante para um homem e uma mulher que vão se casar: o fato de que haja concordância de pensamentos e de sentimentos entre o esposo e a esposa. E é isso que o leito nupcial representa.

    Tudo pode parecer concluído, mas não é o caso. Ainda há Laertes, pai de Ulisses, que não sabe da volta do filho. Ulisses tem um filho, uma mulher, em cujo olhar lê uma absoluta fidelidade, e tem criados. Antes que a história termine, vai visitar o pai. Abandonou seu traje de mendigo, quer ver se, vinte anos depois, o pai o reconhece. Será que Ulisses é o mesmo, vinte anos depois? Chega ao jardim onde seu pai vive retirado, solitário, infeliz, trabalhando a terra com dois escravos e uma escrava. O estado de Laertes é o mesmo de Argos em cima de seu monte de lixo, e do próprio Ulisses quando se apresentou ao palácio como mendigo. Ulisses chega e Laertes lhe pergunta o que deseja. Ulisses começa a contar suas mentiras: "Sou um estrangeiro". Enquanto fala, finge que confunde o pai com um escravo. "Estás realmente sujo como um porco, estás vestido como um maltrapilho, tua pele é de dar nojo, teu chapéu é de pele de bicho como o que usa um criado de baixa extração." Laertes não dá muita importância para o que ouve, e só tem uma pergunta na cabeça: esse viajante estrangeiro teria notícias de seu filho? Então, Ulisses vai lhe contar, segundo seus hábitos, histórias do arco-da-velha.

    Laertes começa a chorar: "Ele morreu?". Apanha um pouco de terra e joga-a sobre a própria cabeça como uma chuva de poeira. Vendo-o em tal estado de desespero, Ulisses considera que mentiu o suficiente: "Para, Laertes, Ulisses sou eu". "Por que serias tu? Dá-

-me alguns sinais." Ulisses lhe mostra a cicatriz, mas isso não basta. Então, conta que, quando era bem pequeno, Laertes, no vigor da idade, lhe mostrou, disse o nome e lhe deu todas as árvores que se erguem diante deles. Havia treze pereiras, dez macieiras, quarenta figueiras, cinquenta filas de vinhas. Conta em detalhes todo o saber que Laertes lhe transmitiu para lavrar a terra, fazer crescer plantas e árvores. O velho Laertes está aos prantos, mas, dessa vez, de alegria, e cai nos braços de Ulisses: ele, que mais parecia um molambo, sente que volta a ser o rei Laertes. Assim como se pôs na posição de pai diante de Telêmaco, agora Ulisses se põe na posição de filho diante de Laertes. O resultado é imediato. Laertes volta para casa e, quando sai, tem a beleza de um deus. Atena deu um jeitinho nas coisas. Quando Laertes reintegra a relação social que o une ao filho, volta a ser como era antigamente, belo como um rei, belo como um deus.

O PRESENTE REENCONTRADO

O palácio, a cidade, o pé de oliveira plantado no centro da casa na terra de Ítaca, o jardim, o campo, toda essa vegetação continuamente preservada, é isso que faz a ligação entre o passado e o presente. As árvores plantadas outrora cresceram. Como verdadeiras testemunhas, marcam a continuidade entre a época em que Ulisses era um garotinho e agora, que está no limiar da velhice. Ao escutarmos essa história, não estaríamos fazendo a mesma coisa, ligando o passado, a partida de Ulisses, ao presente, seu regresso? Tecemos juntos sua separação e seu reencontro com Penélope. De certo modo, o tempo da memória é abolido, embora seja retraçado no correr da narração. Abolido e representado, pois o próprio Ulisses não deixou de conservar na memória a volta, e Penélope não deixou de conservar na memória a lembrança do Ulisses de sua juventude.

Ulisses dorme com Penélope e é como a primeira noite de núpcias. Reencontram-se como recém-casados. Atena faz com que o sol pare a corrida de seu carro a fim de que o dia não se levante muito cedo e de que a aurora custe a aparecer. Essa noite foi a mais longa do mundo. Eles conversam, contam suas aventuras e suas desgraças. Agora, tudo volta a ser como antes, o tempo parece ter se apagado. No dia seguinte, as famílias dos pretendentes são informadas dos assassinatos, gritam por vingança, uma coorte de parentes, irmãos, primos e aliados, de armas na mão, chega para combater Ulisses, Telêmaco, Laertes e seus servidores fiéis. Atena impede o enfrentamento. Não haverá combate, são restabelecidas a trégua, a paz, a harmonia. Doravante, em Ítaca tudo é como antes, há um rei e uma rainha, há um filho, há um pai, há criados, a ordem é restabelecida. O canto do aedo pode celebrar para todos os homens de todos os tempos e em toda a sua glória a memória do regresso.

Dioniso em Tebas

No panteão grego, Dioniso é um deus à parte. É um deus errante, vagabundo, um deus de lugar nenhum e de todo lugar. Ao mesmo tempo, exige ser plenamente reconhecido ali onde está de passagem, ocupar seu lugar, sua preeminência, e sobretudo assegurar-se de seu culto em Tebas, pois foi lá que nasceu. Entra na cidade como um personagem que vem de longe, um estrangeiro excêntrico. Volta a Tebas como à sua terra natal, para ser bem recebido e aceito, para, de certa forma, provar que ali é sua morada oficial. A um só tempo vagabundo e sedentário, ele representa, entre os deuses gregos, segundo a fórmula de Louis Gernet, a figura do outro, do que é diferente, desnorteante, desconcertante, anômico. É também, como escreveu Marcel Detienne, um deus epidêmico. Como uma doença contagiosa, quando ele aparece em algum lugar onde é desconhecido, mal chega e se impõe, e seu culto se espalha como uma onda.

Abruptamente, a alteridade — o outro — impõe o reconhecimento de sua presença nos lugares mais familiares. Uma doença epidêmica. Errante e estável, deus próximo dos homens, que estabelece com eles contatos de um tipo diferente do que em geral prevalece na religião grega, uma relação muito mais íntima, mais personalizada, mais próxima, Dioniso mantém com seus devotos uma espécie de relação cara a cara. Mergulha seu olhar no de seu devoto e este fixa os olhos hipnotizados na figura, na máscara de Dioniso. Ao mesmo tempo que existe nele essa proximidade com os homens, Dioniso é talvez o deus mais afastado dos humanos, o mais inacessível e misterioso, aquele que não se pode captar, que não se pode enquadrar. Pode-se dizer de Afrodite que ela é a deusa do amor, de Atena, que é a deusa da guerra e do saber, de Hefesto, que é um deus artesão, ferreiro. Quanto a Dioniso, não é possível enquadrá-lo numa definição. Está ao mesmo tempo em todas e em nenhuma, presente e ausente ao mesmo tempo. As histórias a seu respeito têm um significado um pouco especial quando se reflete sobre essa tensão entre a vagabundagem, a andança, o fato de estar sempre de passagem, a caminho, viajando, e o fato de querer um lar, onde se sinta bem, em seu lugar, estabelecido, onde foi mais do que aceito: foi escolhido.

EUROPA VAGABUNDA

Toda a história começa com um personagem de quem já falamos: Cadmo, primeiro soberano de Tebas. Cadmo, herói fundador dessa grande cidade clássica, é ele mesmo um estrangeiro, um asiático, um fenício, que vem de longe. É filho de Teléfassa e de Agenor, rei de Tiro ou de Sídon. São personagens do Oriente Médio. Esse casal real, soberanos de Tiro, tem uma série de filhos: Cadmo, seus irmãos Fênix, Cílice, Taso, e uma filha, Europa — que deu nome ao continente.

Europa é uma linda donzela que, no litoral do mar de Tiro, brinca com suas companheiras. Do alto do céu, Zeus vê-la se banhar, talvez nua; não está ocupada em fazer buquês de flores, como fazem, em outros relatos, suas semelhantes femininas, que com sua beleza excitam o desejo e colhem jacintos, lírios ou narcisos. Europa está na praia, num espaço aberto. Zeus a vê e logo a cobiça. Assume a forma de um magnífico touro branco com chifres em forma de meia-lua. Chega à praia deserta e vai se deitar aos pés de Europa. De início um pouco preocupada, impressionada com esse magnífico animal, aos poucos Europa se aproxima. Por seu modo de se comportar, o touro lhe dá todas as razões para ficar tranquila. Ela afaga um pouco sua cabeça, bate em seus flancos e, como ele não se mexe — ao contrário, vira levemente a cabeça para ela, e por pouco não lambe sua pele branca —, Europa monta em seu dorso largo, agarra os chifres, e eis que o touro se lança, pula na água e atravessa o mar.

Zeus e Europa passam da Ásia para Creta. Lá, Zeus se une a ela, e, uma vez consumada a união, de certo modo instala-a em Creta. Europa tem filhos — Radamanto e Minos —, que serão os soberanos de Creta. Zeus dá aos senhores da ilha um presente. Trata-se de um personagem curioso, Talo, uma espécie de gigante de bronze cuja função é montar guarda em Creta, transformá-la em um tipo de fortaleza, de ilha isolada do resto do mundo, impedindo tanto que algum estrangeiro atraque ali como que os insulares possam escapar. Três vezes ao dia, Talo dá a volta na ilha, como um vigilante, impedindo qualquer pessoa de atracar ou de partir. É imortal, invencível, de ferro. Só tem uma fraqueza, no calcanhar, onde uma espécie de veia mantém-se fechada graças a uma chave. Todo o seu vigor metalúrgico se escoará se essa chave for aberta. Durante a expedição dos argonautas, Medeia, a maga, consegue, graças às suas magias, girar essa chave, e outro herói, Héracles, com uma flechada vai ferir Talo nesse ponto vital e matá-lo.

O fato é que, já com Europa, estamos no quadro de um rapto, de uma passagem de um mundo a outro e de um efeito de isolamento nessa Creta que se fecha sobre si mesma. Errância, podemos dizer, mais ainda que passagem: quando Agenor é informado pelas companheiras de Europa que a jovem foi raptada por um touro, mobiliza mulher e filhos e os encarrega de encontrarem a donzela. Assim, os três irmãos e a mãe vão embora e, por sua vez, começam suas andanças, abandonando o lugar onde nasceram, a família, a realeza, espalhando-se pelo mundo. Durante essas peregrinações incessantes, vão fundar uma série de cidades. Cadmo parte com a mãe e, por fim, chega à Trácia, sempre à procura da irmã Europa, pois Agenor avisou aos filhos e à mulher que não deviam retornar para casa se não trouxessem a jovem de volta ao palácio. Teléfassa, mãe de Cadmo, vai morrer na Trácia, cercada de homenagens.

Nesse momento, Cadmo vai a Delfos para saber o que deve fazer. Diz-lhe o oráculo: "Terminadas as peregrinações, tens que parar e instalar-te, pois não encontrarás tua irmã". Europa desapareceu, é uma viajante e ninguém sabe que fim levou. Na verdade, está trancada em Creta, mas quem poderia saber disso senão o oráculo de Delfos? No entanto, este esclarece: "Irás atrás de uma vaca, que também é uma viajante, vai segui-la para onde ela for. Europa foi raptada por um touro viajante, que se fixou. Segue essa vaca e, enquanto ela andar, irás em seu rastro, mas, no dia em que ela se deitar e não se levantar mais, então fundarás aí uma cidade e encontrarás tuas raízes, tu, Cadmo, o homem de Tiro". Assim faz Cadmo, escoltado por alguns jovens. Veem uma vaca muito bonita, com marcas lunares que a predestinam a um papel particular. Seguem-na e, a certa altura, depois de terem perambulado até o local da futura Tebas, na Beócia, a vaca se imobiliza num pasto. Terminaram as andanças. Cadmo compreende que é nesse lugar que deve fundar uma cidade.

ESTRANGEIRO E AUTÓCTONES

Antes de fundá-la, quer fazer um sacrifício a Atena, deusa de quem se sente próximo. Para tanto, precisa de água. Manda os companheiros até uma nascente conhecida como a fonte de Ares, deus ao qual é consagrada. Eles devem encher os recipientes — as hídrias — de água. Mas essa nascente é guardada por um dragão, uma serpente particularmente feroz, que mata todos os jovens que vão lá pegar água. Cadmo vai pessoalmente à fonte e mata o dragão. Então, Atena manda-o fazer o sacrifício prometido, e, depois, recolher os dentes do dragão exterminado, que jaz no chão, e semeá-los numa planície bem plana, um *pedíon*, como se fossem grãos para uma futura colheita de cereais. Cadmo faz o que lhe é prescrito, traz a água, sacrifica a vaca a Atena, devotamente, vai à planície e semeia os dentes do dragão. Mal termina, de alguns desses dentes surgem guerreiros, já adultos, todos armados, em trajes de hoplita, com o elmo, o escudo, o gládio, a lança, as perneiras e a couraça. Assim que brotam do solo, olham-se mutuamente, encaram-se, desafiam-se como podem fazê-lo criaturas inteiramente dedicadas ao massacre, à guerra, à violência beligerante, guerreiros da cabeça aos pés. Cadmo compreende que corre o risco de os guerreiros se virarem contra ele. Portanto, pega uma pedra e, num momento em que estão se desafiando mutuamente com o olhar, joga-a no meio deles. Cada um acha que foi o outro que atirou a pedra, e inicia-se a luta entre esses soldados. Matam-se uns aos outros, só cinco se salvam. Esses guerreiros são os chamados *Spartoí*, isto é, Semeados. Nasceram da terra, são autóctones. Não são errantes, pois estão enraizados no solo, representam o vínculo fundamental com essa terra tebana e são inteiramente dedicados à função guerreira. Têm nomes bem significativos do que são: Ctônio, Udeu, Peloro, Hiperenor, Equíon, nomes monstruosos, terrestres, noturnos, sombrios e guerreiros.

Entretanto, Cadmo é vítima da cólera e do ressentimento de Ares por ter matado o dragão, que o deus alega ser um de seus filhos. Durante sete anos, Cadmo vai ser posto a serviço de Ares, assim como o próprio Héracles, em outras circunstâncias, é posto a serviço de protagonistas, heróis ou deuses que ofendeu. Ao fim dos sete anos, está liberado. Os deuses que lhe são favoráveis, Atena em especial, pensam em instalá-lo como soberano de Tebas. Mas, antes, esse estrangeiro deve criar raízes, ele, que provocou o surgimento do que a terra de Tebas escondia em suas profundezas. Mais uma vez, deuses e homens vão estar momentaneamente próximos, durante o casamento de Cadmo. Este se casa com a deusa Harmonia, filha de Afrodite e Ares, ou seja, do deus a quem ele serviu à guisa de expiação, e que vigiava a nascente tebana, a água que jorrava do solo, para barrar-lhe o acesso. Em resumo, por intermédio dos *Spartoí* e de sua linhagem dos "nascidos da terra", os *gegeneîs*, assiste-se ao retorno do velho espírito beligerante.

Mas Harmonia, por sua mãe Afrodite, é a deusa da união, dos acordos, da reconciliação. Todos os deuses vão à cidadela de Tebas celebrar as bodas cuja noiva é uma deusa. São as musas que entoam o canto do matrimônio. Os deuses, segundo o costume, levam presentes, sendo que alguns serão maléficos e causarão a perda dos que os herdarem. Cadmo terá vários filhos, entre eles as moças Sêmele, Autônoe e Ino. Esta última vai se casar com Atamante e se tornará Leucótea, a deusa marinha. Ele tem mais uma filha, que se chama Ágave e se casará com Equíon, um dos Semeados, com quem terá o filho Penteu. Em outras palavras, o início do reino de Tebas representa o equilíbrio e a união entre, de um lado, um personagem que vem de longe, Cadmo, qualificado como soberano graças à sua façanha e à vontade dos deuses, e, de outro, personagens implantados na gleba, surgidos do solo, os autóctones, que têm a terra de Tebas colada na sola de suas sandálias e que são puros guerreiros. A primeira sucessão dos reis de Tebas dará sempre a sensação de que entre essas duas massas, entre essas duas formas de geração, deveria haver acordo, mas que também pode haver tensões, incompreensões, conflitos.

A COXA UTERINA

Portanto, há uma filha, Sêmele, que é uma criatura encantadora, como era Europa. Zeus terá relações com ela, não de um dia, mas mais duradouras. Sêmele, que vê Zeus deitar-se a seu lado toda noite sob uma forma humana, mas que sabe que se trata de Zeus, deseja que o deus lhe apareça pessoalmente em todo o seu esplendor, em sua majestade de soberano dos bem-aventurados imortais. Não para de implorar-lhe para que ele se mostre. Evidentemente, mesmo que de vez em quando os deuses assistam a seus casamentos, é sempre um perigo para os homens querer que os deuses se apresentem diante de seus olhos tal como são, como fariam parceiros mortais. Quando Zeus acata o pedido de Sêmele e aparece em seu esplendor fulminante, ela é consumida pela luminosidade flamejante, pelo brilho divino do amante. Sêmele queima. Como já está grávida de Dioniso, Zeus não hesita um segundo: tira do corpo de Sêmele, que está se consumindo, o pequeno Dioniso, faz um corte na própria coxa, abre-a, transforma-a em útero feminino e ali coloca o futuro filho, que é então um feto de seis meses. Assim, Dioniso será duplamente filho de Zeus, será o "nascido-duas-vezes". Quando chega a hora, Zeus abre a coxa e o pequeno Dioniso pula, assim como fora extraído do ventre de Sêmele. O bebê é esquisito, escapa às normas divinas, já que é ao mesmo tempo filho de uma mortal e filho de Zeus em todo o seu esplendor. É esquisito porque foi alimentado em parte no ventre de uma mulher e em parte na coxa de Júpiter, a coxa de Zeus. Dioniso terá de lutar contra o ciúme tenaz de Hera, que não perdoa facilmente as aventuras de Zeus e sempre implica com os frutos desses amores clandestinos. Um dos grandes cuidados de Zeus é afastar Dioniso do olhar de Hera e confiá-lo a amas que o escondam.

Quando o menino cresce um pouco, também vai perambular e, volta e meia, será vítima de perseguições de personagens bem instalados em suas terras. É o que lhe acontece quando ainda é bem jovem, ao desembarcar na Trácia, levando em seu séquito um cortejo de jovens bacantes. Licurgo, o rei do país, vê com muito maus olhos a chegada do jovem estrangeiro — que não se sabe muito bem de onde saiu, mas que diz ser um deus — e dessas moças que deliram como adeptas fanáticas de uma nova divindade. Licurgo manda prender as bacantes, joga-as na prisão. Mas o poder de Dioniso já é suficiente para soltá-las. Licurgo persegue o deus e o força a fugir. Divindade ambígua, equívoca em seu aspecto feminino, Dioniso morre de medo durante essa perseguição; finalmente, joga-se na água, escapando de Licurgo. É a deusa Tétis, a futura mãe de Aquiles, que o esconde por certo tempo nas profundezas marinhas. Quando sai de lá, depois dessa espécie de iniciação clandestina, desaparece da Grécia e vai para a Ásia. É a grande conquista da Ásia. Percorre todos esses territórios com exércitos de fiéis, sobretudo mulheres que, sem dispor das armas clássicas do guerreiro, combatem a golpes de tirso, isto é, com grandes hastes vegetais pontudas, nas quais estão fixadas pinhas, e que têm poderes sobrenaturais. Dioniso e seus seguidores põem para correr todos os exércitos que se levantam contra ele, tentando em vão bloquear seu avanço; percorre a Ásia como vencedor. E depois o deus volta para a Grécia.

SACERDOTE ITINERANTE E MULHERES SELVAGENS

Aqui ocorre seu retorno a Tebas. Ele, o errante, o menino perseguido pelo ódio de uma madrasta, o jovem deus obrigado a se jogar na água para evitar a cólera de um rei da Trácia, ei-lo adulto e voltando a Tebas. Chega no momento em que Penteu, filho de sua tia Ágave, irmã de Sêmele, é rei de Tebas. Sêmele morreu. Ágave casou-se com Equíon, um dos cinco Semeados, que morreu depois de ter-lhe feito um filho. Esse rebento herda o título de rei do avô materno, Cadmo, que ainda está vivo, mas velho demais para reinar. Herdou de Equíon os laços com a terra tebana, seu enraizamento local, seu temperamento violento, a intransigência e a soberbia do soldado.

Dioniso chega disfarçado a Tebas, que é um modelo de cidade grega arcaica. Não se apresenta como o deus Dioniso, mas como o sacerdote do deus. Sacerdote ambulante, vestido de mulher, ele usa os cabelos compridos batendo nas costas, tem tudo do meteco oriental, olhos escuros, ar sedutor, falante... tudo o que pode perturbar e irritar Penteu, o semeado do solo de Tebas. Ambos têm mais ou menos a mesma idade. Penteu é um jovem rei, e o suposto sacerdote é um jovem deus. Em torno dele gravita um bando inteiro de mulheres jovens e mais velhas, que são as lídias, ou seja, mulheres do Oriente — o Oriente como tipo físico, como modo de ser. Nas ruas de Tebas, elas fazem um escarcéu, sentam-se, comem e dormem ao relento. Ao ver isso, Penteu fica furioso. O que está fazendo ali esse bando de vagabundos? Quer expulsá-los. Dioniso enlouqueceu todas as matronas tebanas, pois não perdoa as irmãs de sua mãe, as filhas de Cadmo, e sobretudo Ágave, por terem afirmado que Sêmele nunca teve relações com Zeus, que não passava de uma histérica cujos amores eram suspeitos, que morreu num incêndio devido à sua imprudência e que, se tivesse tido um filho, este teria desaparecido; de qualquer maneira, jamais esse filho poderia ser de Zeus. Toda essa parte da saga familiar que Sêmele representava — o fato de ter mantido relação com o divino, embora seu erro tenha sido desejar que a relação se estreitasse mais ainda — é negada pelos tebanos: são histórias para boi dormir. Houve o casamento de Cadmo e Harmonia, sim, isso é verdade, mas se tratava de fundar uma cidade humana, organizada de acordo com critérios propriamente humanos. Dioniso, de seu lado, quer — de outra maneira, não exatamente como ocorreu durante o casamento de Cadmo e Harmonia — restabelecer um vínculo com o divino. Restabelecê-lo não durante uma festa ou uma cerimônia, para a qual os deuses são convidados mas logo se retiram, e sim na própria vida humana, na vida política e cívica de Tebas tal como ela é. Pretende introduzir um fermento que abra uma dimensão nova na vida diária de cada um. Para isso, deve enlouquecer as mulheres de Tebas, essas matronas solidamente implantadas em seu estatuto de esposas e mães, e cujo modo de vida é diametralmente oposto ao das mulheres lídias que compõem o séquito de Dioniso. São essas tebanas que vão enlouquecer com os delírios do deus Dioniso.

Elas largam os filhos, deixam inacabados os afazeres domésticos, abandonam o marido e vão para as montanhas, para as terras incultas, para os bosques. Lá, passeiam em trajes espantosos para senhoras tão dignas, entregam-se a loucuras de todo tipo, às quais os camponeses assistem com pensamentos confusos, admirando-as ao mesmo tempo estarrecidos e escandalizados. Penteu é informado. Seu ódio é duplo. Para começar, ele se volta contra os fiéis do deus, as devotas seguidoras do deus, tidas como responsáveis pela desordem feminina que se espalhou na cidade. Manda a polícia agarrar todas essas lídias fervorosas do novo culto e jogá-las na prisão. Assim fazem os encarregados da disciplina urbana. Contudo, mal chegam à prisão, Dioniso as liberta, por magia. Ei-las de novo dançando, cantando nas ruas, batendo seus crótalos, fazendo barulho. Penteu resolve atacar o sacerdote itinerante, o mendigo sedutor. Manda prendê-lo, acorrentá-lo, trancá-lo nos currais do palácio junto com o rebanho dos bovinos e os cavalos. O sacerdote é levado, sem a menor resistência, sempre sorridente, sempre calmo, um pouco irônico e se deixando arrastar. É preso nos currais do palácio. Penteu acha que o caso está resolvido e dá a seus homens a ordem de se equiparem para uma expedição militar, partirem para uma caçada no campo e trazerem todas as mulheres que cometem excessos por lá. Os soldados formam colunas de quatro, saem da cidade para se espalharem pelos campos e pelos bosques e cercarem o grupo de mulheres.

Enquanto isso, Dioniso está nos currais. Mas, de repente, suas correntes afrouxam e o palácio real se incendeia. Os muros desabam e ele sai ileso. Penteu fica tremendamente abalado, tanto mais que, na hora em que esses fatos ocorrem e ele vê seu palácio em ruínas, o próprio sacerdote aparece diante dele, sempre sorrindo, são e salvo, impecavelmente malvestido, olhando-o. Chegam seus capitães, sanguinolentos, despenteados, com as armaduras quebradas. "O que aconteceu?" Eles se explicam, como num relatório: aquelas mulheres, enquanto foram deixadas tranquilas, pareciam nadar na felicidade, não eram agressivas nem ameaçadoras; ao contrário, nelas, entre elas e em torno delas, nos prados e nas florestas, tudo parecia maravilhosamente suave; pegavam no colo os filhotes de animais, de todas as espécies, e os alimentavam no seio como a seus próprios filhos, sem que nunca os bichos selvagens lhes fizessem o menor mal. Segundo afirmavam os camponeses e segundo o que os soldados tiveram a impressão de ver, viviam como num outro mundo, de perfeita harmonia entre todos os seres vivos, homens e bichos misturados, animais selvagens, predadores, carniceiros reconciliados com suas presas, lado a lado, todos alegres, fronteiras abolidas, na amizade e na paz. A própria terra se punha em uníssono. Bastava uma pancadinha com o tirso e do solo jorravam fontes de água pura, leite, vinho. A idade de ouro voltara. Mas, assim que os soldados apareceram, assim que se exerceu contra elas a violência guerreira, então essas mulheres angelicais se tornaram fúrias assassinas. Com seus tirsos, mais uma vez se jogaram para cima dos soldados, meteram-se entre suas fileiras, espancaram-nos, mataram-nos, foi uma debandada geral.

Vitória da suavidade contra a violência, das mulheres contra os homens, do campo selvagem contra a ordem cívica. Penteu é informado dessa derrota enquanto Dioniso se mantém sorridente diante dele. Penteu encarna o homem grego num de seus aspectos maiores, convencido de que o que conta é uma certa forma aristocrática de comportamento, autocontrole, capacidade de raciocinar. E, mais ainda, esse sentimento de nunca se rebaixar, de saber se dominar, não ser escravo de seus desejos nem de suas paixões, atitude que implica, em contrapartida, certo desprezo pelas mulheres, vistas, inversamente, como seres que se abandonam com facilidade às emoções. E, por último, o desprezo por tudo o que não é grego: os bárbaros da Ásia, lascivos, que têm a pele branca demais, porque não vão se exercitar no estádio, não estão preparados para aguentar os sofrimentos necessários para se conseguir o domínio de si. Em outras palavras, Penteu nutre a ideia de que o papel de um monarca é manter uma ordem hierárquica em que os homens estão no lugar que lhes cabe, as mulheres ficam em casa, os estrangeiros não são admitidos e em que a Ásia e o Oriente têm fama de ser povoados por gente efeminada, habituada a obedecer às ordens de um tirano, enquanto a Grécia é habitada por homens livres.

Diante de Penteu, esse jovem é, de certo modo, seu retrato e seu duplo: são primos-irmãos, da mesma família, ambos nascidos em Tebas, embora um tenha atrás de si todo um passado vagabundo. Têm a mesma idade. Se de Penteu se tirasse a carapaça que ele criou para se sentir realmente um homem, um *anér*, um homem que sabe o que lhe é devido e o que ele deve à comunidade, sempre pronto, quando necessário, para comandar e punir, então encontraríamos exatamente Dioniso.

"EU O VI ME VENDO"

Dioniso, o sacerdote, vai agir com uma inteligência de sofista, por perguntas, respostas ambíguas, a fim de despertar o interesse de Penteu pelo que acontece num mundo que ele não conhece e não quer conhecer: o mundo feminino desregrado. No gineceu, ainda se sabe mais ou menos o que as mulheres fazem — nunca se sabe totalmente o que as diabinhas estão tramando, mas, *grosso modo*, é possível controlá-las —, ao passo que lá longe, entregues a si mesmas, fora da cidade, não mais entre os templos e as ruas, onde tudo é bem controlado, mas lá, em plena natureza, sem testemunha, só Deus sabe a que ponto podem chegar! Penteu gostaria de saber. No diálogo com Dioniso, aos poucos Penteu interroga: "Quem é esse deus? Como o conheces? Tu o viste? De noite, sonhando?". "Não, não, eu o vi bem acordado", responde o sacerdote. "Eu o vi me vendo. Eu o olhei me olhando." Penteu fica imaginando o que quer dizer essa fórmula: "Eu o vi me vendo".

É a ideia do olhar, e de que há coisas que não podemos conhecer, mas que conhecemos melhor se as vemos. Aos poucos a ideia germina no cérebro de Penteu, o homem estabelecido, o citadino, o monarca, o grego. Ele pensa que talvez não fosse má ideia ir dar uma olhadinha. Vai manifestar um desejo que não tinha, o de ser um *voyeur*. Tanto mais que acha que essas mulheres, que são as de sua família, entregando-se no campo à vida desregrada, participam de orgias sexuais assustadoras. Ele é pudico, é um jovem sem mulher, pretende ser muito estrito nesse terreno, mas sente cócegas, gostaria de ir ver o que está acontecendo por lá. O sacerdote lhe diz: "Nada mais fácil, teus soldados foram postos para correr porque chegaram com suas armas e em colunas de quatro, e bobamente se ofereceram ao olhar das mulheres; tu podes ir lá sem que ninguém te veja, secretamente, vai assistir ao delírio delas, às loucuras, assistirás a tudo de camarote e ninguém te verá. Basta vestir-te como eu". De repente, o rei — o cidadão, o grego, o macho — veste-se como o mendigo vagabundo Dioniso, veste-se como mulher, deixa os cabelos soltos, feminiza-se, torna-se parecido com esse asiático. A certa altura, os dois estão cara a cara, parecem se olhar num espelho, um e outro, olhos nos olhos. Dioniso pega Penteu pela mão e leva-o até o Citerão, onde estão as mulheres. Um seguindo o outro, o que é enraizado na terra — o homem da identidade — e o que vem de longe — o representante do outro —, afastam-se juntos da cidade, dirigem-se para a montanha, para as encostas do Citerão.

O sacerdote mostra a Penteu um pinheiro altíssimo, dizendo-lhe para subir e se esconder na folhagem. Dali poderá observar tudo, verá sem ser visto. Penteu trepa no alto do pinheiro. Dependurado lá em cima, espera e vê chegar sua mãe Ágave e todas as moças de Tebas, que enlouqueceram com Dioniso e que por conseguinte estão num estado de delírio muito ambíguo. Estão enlouquecidas, sim, mas não são propriamente adeptas do deus. Não são "convertidas" ao culto de Dioniso. Ao contrário, Ágave e essas mulheres declaram que nada disso existe. Ainda assim, a loucura, que não é fruto de uma convicção ou de uma conversão religiosa, apresenta o sintoma de uma doença. Por não o terem aceitado, por não terem acreditado, elas estão doentes de dionisismo. Diante da incredulidade, o dionisismo se manifesta na forma de doença contagiosa. Em suas loucuras, ora se comportam como adeptas do deus — em meio à beatitude do retorno a uma idade de ouro, em meio à fraternidade na qual todos os seres vivos, os deuses, os homens e os animais, estão misturados —, ora, ao contrário, uma raiva sanguinária toma conta delas. Assim como desbarataram o exército, assim também podem degolar os próprios filhos ou cometer qualquer loucura. É nesse estado alucinatório de distúrbio mental, de "epidemia dionisíaca", que estão as mulheres de Tebas.

Dioniso ainda não se estabeleceu na cidade, não foi recebido, continua a ser o estrangeiro que as pessoas olham de soslaio. Penteu, empoleirado no pinheiro, vê as mulheres espalhadas pelos bosques. Dedicam-se às atividades pacíficas que são as suas enquanto não são perseguidas nem acuadas. A certa altura, Penteu se debruça um pouco mais para ver melhor, a tal ponto que as mulheres descobrem lá no alto um espião, um vigia, um *voyeur*. Ficam furiosas e todas se precipitam para tentar vergar a árvore. Não conseguem e se esforçam para desenraizá-la. Penteu começa a se balançar perigosamente lá no topo da árvore e grita: "Mãe, sou eu, Penteu, cuidado, vou cair". Mas elas já estão inteiramente tomadas pelo delírio, e conseguem vergar a árvore. Penteu cai no chão, elas se jogam para cima dele e o despedaçam. Esquartejam-no como em certos sacrifícios dionisíacos se esquartejava a vítima crua, viva. Assim, Penteu é desmembrado. Sua mãe agarra a cabeça do filho, espeta-a num tirso e passeia, às gargalhadas, com essa cabeça, que em seu delírio ela julga ser a de um leãozinho ou de um jovem touro preso na ponta de seu bastão. Está radiante. Mas, como mesmo em seu delírio continua a ser quem é, a filha de Equíon, uma mulher de estirpe guerreira, gaba-se de ter ido caçar com os homens, e como um homem, e de até mesmo ter se revelado melhor caçadora do que eles. Junto com esse bando de mulheres desvairadas, cobertas de sangue, Ágave vai para perto de Dioniso, ainda disfarçado de sacerdote.

Ali estão o velho Cadmo, fundador de Tebas, pai de Ágave, avô de Penteu, a quem ele cedeu o trono, e Tirésias, velho adivinho, que representa na cidade a sabedoria medíocre da idade avançada, uma sabedoria um pouco ritualística. Eles não querem se meter muito nisso, mas, apesar de tudo, nem um nem outro sente essa hostilidade virulenta, esse ódio total por Dioniso. Cadmo, porque é Cadmo, e porque é pai de Sêmele, e Tirésias, porque sua função é estabelecer um vínculo com o céu. Ambos sentem por ele antes um fascínio prudente. Por isso é que haviam decidido, apesar da idade avançada e da dificuldade que têm em seguir as novidades, vestir também o traje ritual com suas roupas folgadas, pegar um tirso e ir se juntar às mulheres nos bosques, dançar com elas, como se as honras prestadas ao deus não dependessem de diferenças de idade nem de sexo. Assim, os dois velhos estão presentes na hora em que Ágave, em seu delírio, ostenta a cabeça de Penteu na ponta do tirso. Ágave reconhece Cadmo e lhe mostra sua caça maravilhosa, gaba-se de ser a melhor caçadora da cidade, melhor até do que os homens. "Olha, cacei esses animais selvagens, matei-os." Horrorizado com o espetáculo, Cadmo tenta aos poucos trazê-la à razão e, bem de mansinho, interroga-a: "O que aconteceu? Olha esta cabeça de leão, estes cabelos, não os estás reconhecendo?". Aos poucos Ágave sai do delírio. Lentamente, fiapos de realidade reaparecem nesse universo onírico, sanguinário e maravilhosamente belo, no qual ela afundara. Finalmente, percebe que a cabeça agarrada ao tirso é a de seu filho. Horror!

RECUSA DO OUTRO, IDENTIDADE PERDIDA

A volta de Dioniso para casa, em Tebas, esbarrou com a incompreensão e provocou um drama durante todo o tempo em que a cidade foi incapaz de estabelecer o vínculo entre as pessoas da terra e o estrangeiro, entre os sedentários e os viajantes, entre, por um lado, sua vontade de ser sempre a mesma, de continuar idêntica a si mesma, de se negar a mudar, e, por outro, o estrangeiro, o diferente, o outro. Enquanto não há possibilidade de combinar esses contrários, produz-se uma coisa aterradora: os que encarnam o vínculo incondicional com o imutável, os que proclamam a permanência necessária de seus valores tradicionais diante do que é diferente deles, do que os questiona e os obriga a terem sobre si mesmos um olhar diferente, são exatamente estes — os que afirmam sua identidade, os cidadãos gregos convictos de sua superioridade — que se jogam na alteridade absoluta, no horror, no monstruoso. Quanto às mulheres tebanas, irrepreensíveis em seu comportamento, modelos de reserva e modéstia na vida doméstica, todas, Ágave à frente — a rainha-mãe que mata o filho, o esquarteja e ostenta sua cabeça como um troféu —, todas, de repente, assumem a figura da Górgona Medusa: carregam a morte nos olhos. Quanto a Penteu, ele morre de um modo pavoroso, rasgado vivo como um bicho selvagem, ele, o civilizado, o grego sempre seguro de si, que cedeu ao fascínio do que pensava ser o outro e que ele condenava. O horror vem se projetar na face daquele mesmo que não soube reconhecer o lugar do outro.

Depois desses acontecimentos, Ágave se exila, Cadmo também, e Dioniso prossegue suas viagens pela superfície da terra, tendo garantido o seu status no céu. Em Tebas haverá até mesmo um culto a ele, que conquistou a cidade, não para expulsar dali os outros deuses, não para impor sua religião contra a dos outros, mas para que no centro de Tebas, em pleno coração da cidade, fossem representados, em seu templo, suas festas e seu culto, o marginal, o vagabundo, o estrangeiro, o anômico. Como se, à medida que um grupo humano se recusa a reconhecer o outro e abrir-lhe espaço, esse próprio grupo se tornasse monstruosamente outro.

 A volta de Dioniso a Tebas evoca o acordo com o divino, que fora selado na cidadela, já com certa ambiguidade, quando todos os deuses deram a Cadmo a deusa Harmonia, filha de Ares e Afrodite. Havia ali, se não a promessa, pelo menos a possibilidade de um mundo reconciliado e, também a cada momento, a eventualidade de uma fratura, de uma divisão e de um massacre. Sabe-se — e não é só a história de Dioniso que o atesta — que há ainda na descendência de Cadmo a estirpe dos Labdácidas, para comprovar que o melhor e o pior podem estar misturados. Na legenda dos Labdácidas, que termina com a história de Édipo, também encontramos continuamente a tensão entre os que são soberanos de verdade e os que, exercendo a própria soberania, mais se parecem com a estirpe dos Semeados lendários, esses guerreiros dedicados à violência e ao ódio.

Édipo, o inoportuno

Depois da morte trágica de Penteu e da partida de Cadmo e Ágave, o trono e toda a ordem da cidade passam por transtornos. Quem será rei? Quem encarnará as virtudes do soberano, sua capacidade de mandar? Normalmente, o sucessor deveria ser o outro filho de Cadmo, que se chama Polidoro, e que se casou com a filha de Ctônio, um dos Semeados, o homem da terra, do subterrâneo. Essa criatura tem o nome de Nicteida, a noite, a noturna. É irmã, ou parente próxima, de uma série de personagens, Nicteu e Lico (o lobo) em particular, que se vinculam aos *gegeneîs*, ou seja, a esses Semeados que representam a violência guerreira.

O próprio Penteu já possuía uma dupla origem. Por sua mãe Ágave, descendia de Cadmo, o verdadeiro soberano designado pelos deuses, aquele a quem eles deram uma deusa como esposa, para de certo modo marcar a qualidade de seu poder soberano. Por seu pai, Equíon, ele também pertence aos Semeados. Esse nome "viperino" logo faz pensar num personagem feminino, Equidna, metade mulher, metade serpente, irmã das Górgonas, "monstro irresistível que jaz nas profundezas secretas da terra" e que gera, entre outras calamidades, Cérbero, o cão do Hades, e Quimera, de três cabeças, a qual Belerofonte consegue matar, com a ajuda do cavalo Pégaso. Penteu, portanto, está dividido entre a descendência soberana de Cadmo e esses personagens nascidos da terra, que têm um aspecto noturno e monstruoso. Depois da morte pavorosa de Penteu, o trono se acha vago. Polidoro só o ocupa por pouco tempo, e deveria ceder o poder a Lábdaco — o manco —, filho que teve com Nicteida, rebento legítimo mas cuja filiação, na verdade, também é manca, pois por seu pai Polidoro ele se liga diretamente a Cadmo e à deusa Harmonia, mas, por sua mãe Nicteida, está ligado a esses Semeados surgidos da terra de Tebas, armados desde o nascimento e feitos para guerrear. Quando seu pai morre, Lábdaco é muito moço para assumir as funções reais.

Assim, os primeiros momentos dessa soberania de Tebas serão instáveis, dilacerados. Tempos de violência, desordem, usurpação, em que o trono, em vez de passar de pai para filho por uma sucessão regular e garantida, pula de mão em mão devido às lutas e rivalidades que opõem os Semeados entre si e ao poder real legítimo. Quando, por sua vez, Lábdaco morre, seu filho Laio tem apenas um ano, e novamente o trono fica vago. Nicteu e Lico o ocupam. Vão conservá-lo por muito tempo, sobretudo Lico: dezoito anos, é o prazo que nos é citado. O pequeno Laio ainda não está em condições de exercer a soberania.

Lico e Nicteu serão ambos eliminados por personagens alheios a Tebas e que se chamam Anfíon e Zeto. Chegada a hora, eles cederão o trono a seu detentor legítimo. Até lá, durante todo o tempo em que os usurpadores conseguem afastá-lo do poder, Laio é obrigado a se exilar. Já é adulto quando encontra refúgio em Corinto, com o rei Pélope, que generosamente lhe oferece hospitalidade e o mantém perto de si.

GERAÇÕES MANCAS

Aqui se passa um episódio de consequências importantes. Laio se apaixona por Crisipo, um lindo rapaz, filho de Pélope. Faz-lhe uma corte assídua, leva-o em seu carro, comporta-se como um homem mais velho em relação a um mais moço, ensina-lhe a ser um homem, mas ao mesmo tempo tenta ter com ele uma relação erótica à qual o filho do rei se nega. Dizem inclusive que Laio se esforçou em obter pela violência o que a sedução e o mérito não foram capazes de lhe dar. Conta-se também que Crisipo, indignado e escandalizado, se suicida. O fato é que Pélope lança contra Laio uma imprecação solene, pedindo que a raça dos Labdácidas não possa se perpetuar e seja fadada ao desaparecimento.

O nome de Lábdaco significa "o manco", e o nome de Laio tampouco é transparente, significa que ele é um chefe de povo, ou que é um homem "desajeitado". Na verdade, pode-se observar que Laio deturpa todas as suas relações, em todos os aspectos. Do ponto de vista da sucessão, por exemplo, devia ser o herdeiro direto e estar instalado no trono de Tebas, sucedendo ao pai Lábdaco, ao avô Polidoro, ao bisavô Cadmo. Ora, ele foi afastado, desviado, apartado desse trono. Laio também apresenta uma deturpação, pois, na idade em que poderia pensar em se casar, volta-se para esse jovem. Mas, sobretudo, ele deturpa o jogo amoroso, pretendendo impor pela violência o que Crisipo não está disposto a lhe oferecer espontaneamente, e assim não há entre eles reciprocidade, *kháris*, troca amorosa. O impulso erótico, unilateral, é bloqueado. Além disso, Laio é hóspede de Pélope, e essa relação de hospitalidade implica uma reciprocidade na amizade, as duas partes dando e recebendo. Longe de retribuir àquele que o acolheu, Laio tenta agarrar seu filho contra a vontade do rapaz e provoca seu suicídio.

Lico, que exercia o poder, foi substituído por Anfíon e Zeto, mas estes também morrem. Laio volta a Tebas e os tebanos ficam muito felizes em recebê-lo e, assim, entregar novamente o trono a um rei que lhes parece digno.

Laio se casa com Jocasta, a qual também, por sua filiação, se liga a Equíon. Ela é bisneta daquele que, como Ctônio, representa a herança noturna e sombria. O casamento de Laio e Jocasta é estéril. Laio vai a Delfos consultar o oráculo e saber o que fazer para ter filhos, a fim de que o percurso da soberania siga enfim uma linha reta. O oráculo lhe responde: "Se tiveres um filho, ele te matará e se deitará com a mãe". Apavorado, Laio volta a Tebas. Suas relações com a mulher são tais que ele tem certeza de que ela não engravidará. No entanto, a história conta que, um dia em que está bêbado, Laio se entusiasma e, para falar como os gregos, planta no campo de sua esposa uma semente que vai germinar. Jocasta dá à luz um garoto. O casal resolve afastá-lo, interromper essa descendência, e a criança é destinada à morte. Para tanto, chamam um de seus pastores, que, durante o verão, vão para o Citerão pastorear os rebanhos do rei. Dão-lhe a missão de matar a criança, expô-la na montanha para ser devorada pelos animais selvagens ou pelas aves.

O pastor fica com o recém-nascido, perfura o seu calcanhar, passa no orifício uma correia e depois vai embora, levando a criança nas costas, como na época se levava a caça miúda. Chega à montanha com seus rebanhos e a criança lhe sorri. Ele hesita: vai abandoná-la ali? Não é possível. Vê um pastor que vem de Corinto e está pastoreando os animais, na outra encosta da montanha. Pede-lhe para pegar essa criança, que ele não quer deixar morrer. O pastor pensa no rei Pólibo e na rainha Peribeia, que não têm filhos e desejam um. Portanto, leva-lhes a criança ferida no calcanhar. Muito felizes com o presente, os soberanos a criam como se fosse seu próprio filho. Na verdade, esse rebento, neto de Lábdaco, o manco, filho de Laio, que também foi apartado do poder e que se desviou da conduta correta nas relações de hospitalidade e nas relações amorosas, esse garotinho é, por sua vez, afastado de seu país, de sua terra natal, de sua dignidade de filho de reis que perpetuaria a dinastia dos Labdácidas. Vai sendo educado e, quando chega à adolescência, todos admiram seu porte, sua coragem, sua inteligência. Os jovens da elite coríntia nutrem certo ciúme dele e certa hostilidade contra o rapaz.

"UM SUPOSTO FILHO"

Mesmo que não manque no sentido literal da palavra, Édipo guarda em seu pé a marca desse afastamento que lhe impuseram, da distância em que está em relação ao lugar onde deveria estar, e que constitui suas verdadeiras origens. Portanto, também se acha num estado de desequilíbrio. Na qualidade de filho do rei, todos veem nele o sucessor designado de Pólibo, mas ele não é um rapaz cem por cento de Corinto, e isso também se sabe e se comenta discretamente. Um dia, quando está brigando com um garoto de sua idade, este lhe lança: "Afinal, não passas de um suposto filho!". Édipo vai ver o pai e lhe conta que um colega o chamou de "suposto filho", como se realmente ele não fosse seu filho. Pólibo o tranquiliza como pode, sem lhe dizer formalmente: "Não, de jeito nenhum, és de fato o filho de tua mãe e meu". Diz apenas: "Essas afirmações são uma bobagem, isso não tem importância. As pessoas são invejosas, inventam qualquer coisa". Édipo continua preocupado e resolve então ir consultar o oráculo de Delfos para lhe fazer a pergunta sobre seu nascimento. Ele é ou não é filho de Pólibo e Peribeia? O oráculo evita dar uma resposta tão clara quanto a pergunta. Mas diz: "Matarás teu pai, deitarás com tua mãe".

Édipo fica horrorizado e essa revelação pavorosa enterra sua pergunta inicial: "Sou um filho verdadeiro?". O que tem de fazer, urgentemente, é fugir, criar a maior distância possível entre ele e os que considera seu pai e sua mãe. Exilar-se, partir, afastar-se, caminhar o mais longe possível. Assim, Édipo vai embora, um pouco como Dioniso, e torna-se um errante. Não tem mais terra em suas sandálias, não tem mais pátria. Em seu carro ou a pé, dirige-se de Delfos para Tebas.

Mas ocorre que no mesmo momento a cidade de Tebas está às voltas com uma peste terrível, e Laio quer ir a Delfos para pedir conselho ao oráculo. Em seu carro, ele parte com um pequeno grupo, seu cocheiro e um ou dois homens. Eis que pai e filho — o pai convencido de que o filho morreu, o filho certo de que seu pai é um outro — caminham em sentido contrário. Encontram-se num cruzamento de três caminhos, num lugar onde não é possível dois carros passarem lado a lado. Édipo está em seu carro, Laio no seu. Laio considera que seu cortejo real tem prioridade e pede então ao cocheiro para fazer sinal a esse jovem, a fim de que se afaste. "Sai do caminho, deixa-nos passar", grita o cocheiro a Édipo, e, com um cajado, bate num dos cavalos de seu carro, atingindo também o ombro de Édipo. Este, que não é uma pessoa dócil e, mesmo em seu papel de banido voluntário, se considera um príncipe, um filho de rei, está longe de aceitar ceder seu lugar a quem quer que seja. Fica furioso com a bastonada que recebe e, em troca, bate no cocheiro com seu cajado, deixando-o morto no chão; depois ataca Laio, que cai a seus pés, morto também, enquanto um dos homens do séquito real, apavorado, retorna a Tebas. Édipo, considerando que se trata apenas de um acidente de percurso, e que agiu em legítima defesa, prossegue em seu caminho e em suas andanças.

Chega a Tebas muito mais tarde, na hora em que a desgraça se abate sobre a cidade na forma de um monstro, metade mulher, metade leoa, com cabeça e seios de mulher, corpo e patas de leoa: a Esfinge. Ela se instalou às portas de Tebas, ora sobre uma coluna, ora num rochedo mais alto, e se diverte propondo enigmas aos jovens da cidade. Todos os anos exige que lhe enviem a elite da juventude tebana, os rapazes mais bonitos, que devem enfrentá-la. Dizem às vezes que quer se unir a eles. Seja como for, submete-os a seu enigma e, quando não conseguem responder, mata-os. Assim, no correr dos anos, Tebas assiste a toda a flor de sua juventude ser trucidada, destruída. Quando Édipo chega a Tebas, entra por uma das portas, vê todo mundo apavorado, com expressões sinistras. Fica imaginando o que está acontecendo. Creonte, irmão de Jocasta, e regente que assumiu o lugar de Laio, também se liga à raça dos Semeados. Ele vê esse jovem de bela aparência e jeito audacioso e pensa que, no ponto a que chegaram, o desconhecido talvez seja a última chance de salvar a cidade. Anuncia a Édipo que, se conseguir vencer o monstro, poderá se casar com a rainha.

AUDÁCIA SINISTRA

Desde que enviuvou, Jocasta encarna a soberania, mas é Creonte quem realmente detém o poder. A esse título, ele pode anunciar a Édipo que, se vencer a Esfinge, a rainha e a realeza serão suas. Édipo enfrenta a Esfinge. O monstro está em seu montículo, vê Édipo chegar e pensa que ele é uma bela presa. A Esfinge formula o seguinte enigma: "Quem, entre os que vivem na terra, nas águas, nos ares, tem uma só voz, um só modo de falar, uma só natureza, mas tem dois pés, três pés e quatro pés, *dípous, trípous, tetrápous*?". Édipo reflete. Essa reflexão talvez seja mais fácil para um homem que se chama Édipo, *Oi-dípous*, "bípede". Responde: "É o homem. Quando ainda é criança, ele engatinha, na idade madura, caminha sobre as duas pernas, e quando envelhece apoia-se numa bengala para ajudar sua marcha hesitante, cambaleante". A Esfinge, sentindo-se derrotada nessa misteriosa prova de saber, joga-se do alto da colina ou do rochedo, e morre.

    Toda a cidade de Tebas está exultante, seus moradores fazem festa a Édipo, carregam-no em grande pompa. Apresentam-lhe Jocasta, a rainha, que, como recompensa, será sua esposa. Édipo torna-se o rei da cidade, cargo merecido, pois deu provas da maior sabedoria, da maior audácia. É digno da descendência de Cadmo, que os deuses haviam distinguido ao lhe dar como mulher a deusa Harmonia e ao qualificá-lo como fundador de Tebas. Durante anos, tudo se passa muito bem. O casal real terá quatro filhos: dois meninos, Polinices e Etéocles, e duas meninas, Ismena e Antígona. Depois, uma peste abate-se brutalmente sobre Tebas. Tudo parecia felicidade, normalidade e equilíbrio; de repente, tudo desaba, tudo é sinistro. Em tempos normais, todo ano o trigo volta a nascer, as frutas brotam nas árvores, os rebanhos trazem ao mundo ovelhas, cabras, bezerros. Em suma, a riqueza da terra tebana se renova ao sabor das estações. As próprias mulheres são levadas por esse grande movimento de renovação da força vital. Têm filhos lindos, sólidos e saudáveis. De repente, todo esse curso natural das coisas é interrompido, desviado, parece estar mancando. As mulheres dão à luz monstros ou crianças natimortas, são vítimas de abortos. As próprias fontes da vida, corrompidas, parecem secar. Além do mais, uma doença ataca os homens e as mulheres, os jovens e os velhos, que morrem da mesma forma. O pânico é geral. Tebas está enlouquecida. O que está acontecendo? O que saiu dos eixos?

    Creonte resolve mandar a Delfos um representante de Tebas para interrogar o oráculo e saber a origem dessa doença infecciosa, dessa epidemia que castiga a cidade e faz com que mais nada pareça em ordem. Os representantes da vitalidade de Tebas, em seus dois extremos — as crianças mais moças e os idosos mais velhos (os quatro-pés e os três-pés) —, chegam ao palácio real com ramos de oliveira, suplicantes. Dirigem-se a Édipo para lhe pedir que os salve. "Sê nosso salvador! Já nos poupaste uma primeira vez do desastre, livrando-nos desse monstro pavoroso que era a Esfinge, salva-nos desse *loimós*, dessa peste que atinge não só os seres humanos mas também a vegetação e os animais! Como se em Tebas o curso da renovação estivesse totalmente bloqueado."

Édipo se compromete solenemente, declarando-lhes que vai fazer uma investigação para compreender as razões do mal e derrotar essa praga. Nesse momento, volta o homem de Delfos. O oráculo anunciou que o mal não cessaria enquanto o assassinato de Laio não fosse vingado. Por conseguinte, é preciso encontrar, punir e expulsar definitivamente de Tebas, excluir da terra tebana, afastar para sempre aquele que tem nas mãos o sangue de Laio. Ao ouvir isso, Édipo assume solenemente outro compromisso: "Hei de procurar e descobrir o culpado". Édipo é um homem de busca, um indagador, um questionador. Assim como se aventurou ao sair de Corinto, é também um homem para quem a aventura da reflexão e do questionamento deve sempre ser tentada. Ninguém para Édipo. Portanto, ele vai fazer uma espécie de investigação policial.

Toma as primeiras medidas, proclama que todos os que puderem fornecer informações devem fazê-lo, que todos os que eventualmente estiverem em contato com um suposto assassino devem expulsá-lo, que o assassino não pode continuar em Tebas, já que é devido a seu gesto torpe que a cidade está sofrendo. Enquanto o assassino não for descoberto e expulso das casas, dos santuários, das ruas, Édipo não vai parar de procurá-lo. Ele precisa saber. Começa a investigação. Creonte explica ao povo que Tebas dispõe de um adivinho profissional, que sabe decifrar o voo dos pássaros e que, talvez, por inspiração divina, conheça a verdade: é o velho

Tirésias. Creonte quer que o mandem buscar e que o interroguem sobre os acontecimentos. Este não tem vontade de se mostrar nem de ser interrogado. Mesmo assim, levam-no à praça pública, diante do povo de Tebas, do conselho dos idosos, diante de Creonte e Édipo.

Édipo o interroga, mas Tirésias se recusa a responder. Alega não saber de nada. Furor de Édipo, que não tem propriamente imenso respeito pelo adivinho. Afinal, ele não foi mais esperto e mais sábio? Só por sua experiência e por sua exclusiva capacidade de julgamento de homem sensato, ele encontrou a resposta para o enigma, ao passo que Tirésias, com sua inspiração e os sinais que decifra, era incapaz de fornecê-la. Édipo se choca com um muro, mas não um muro de ignorância: Tirésias se recusa a revelar o que conhece, por uma sabedoria divina. Sabe tudo, quem matou Laio e quem é Édipo, pois está em contato com Apolo, seu mestre. Foi Apolo que previu: "Matarás teu pai, deitarás com tua mãe". Tirésias compreende o que Édipo representa para as desgraças de Tebas, mas não quer se manifestar sobre isso. Está decidido a se calar, até o momento em que Édipo, furioso com essa teimosia, se convence de que a recusa não pode ser fruto do acaso. Tirésias e Creonte devem estar conspirando contra ele para desestabilizá-lo e tomar seu lugar. Imagina que Creonte chegou a um acordo com Tirésias, que talvez até tenha pagado ao adivinho, e que o personagem enviado a Delfos também está metido na história.

Édipo fica fora de si, seu espírito parece "capengar" e ele proclama que Creonte deve sair da cidade imediatamente, pois desconfia de que ele está na origem do assassinato de Laio. Se Creonte desejava a morte de Laio para exercer a soberania por meio de sua irmã Jocasta, talvez tenha sido ele que fomentou o ataque. Dessa vez, a cúpula do Estado em Tebas fica entregue às forças da desunião, à disputa aberta. Édipo quer expulsar Creonte, e Jocasta intervém. Ela tenta restabelecer a harmonia entre os dois homens, entre as duas linhagens. Não existe uma linhagem pura de Cadmo, de um lado, e uma linhagem pura dos Semeados, de outro: as duas descendências se misturaram. Lábdaco, Laio e Édipo também têm os Semeados em sua ascendência. Quanto a Jocasta, ela descende diretamente de Equíon, que representa algo terrivelmente preocupante. Portanto, a cidade se dilacera, os chefes lutam, se odeiam, e Édipo prossegue sua investigação.

Uma testemunha de primeira mão, que precisaria ser consultada, é o homem que estava com Laio na hora do drama e que fugiu. Ao voltar, ele contou que, numa emboscada, vários bandidos atacaram a atrelagem real a caminho de Delfos, matando Laio e o cocheiro. Quando contaram a Édipo, pela primeira vez, esse relato da morte de Laio, ele ficou um pouco perturbado em seu papel de delegado: explicaram-lhe que o caso tinha acontecido num cruzamento de três estradas num caminho estreito, perto de Delfos; esse cruzamento, esse caminho estreito, Édipo o conhece bem demais. O que o tranquiliza é que, se ignora quem matou, sabe que estava sozinho quando agiu, ao passo que "foram bandidos que atacaram Laio". Ele segue um raciocínio muito simples: "Bandidos... Portanto, não fui eu. Há duas histórias diferentes. Eu encontrei um homem em seu carro, que me atingiu, e depois o carro de Laio foi atacado por bandidos, são duas histórias totalmente diferentes".

Assim, Édipo quer mandar buscar e ouvir o personagem que estava presente na hora dos acontecimentos, e preocupa-se em saber que fim ele levou. Respondem-lhe que o homem, ao voltar a Tebas, praticamente nunca mais pôs os pés na cidade, retirou-se no campo e ninguém mais o vê. Estranho. É preciso mandar buscá-lo e interrogá-lo sobre as condições em que ocorreu o ataque. Mandam vir esse pobre criado de Laio. Édipo o cozinha, em seu papel de delegado, mas o homem não é mais loquaz do que Tirésias. Édipo tem a maior dificuldade para lhe extorquir alguma informação e até ameaça torturá-lo para que fale.

Nesse momento, vê-se chegar a Tebas um estrangeiro vindo de Corinto, depois de percorrer uma longa estrada. Chega diante de Jocasta e Édipo, cumprimenta-os, pergunta onde está o rei da cidade. Vem anunciar-lhe uma triste notícia: seus pais, o rei e a rainha de Corinto, morreram. Dor de Édipo, que está órfão. Dor mesclada de certa alegria, porque, se Pólibo morreu, Édipo não poderá matar o pai, que agora é um defunto. Tampouco poderá dormir com a mãe, pois ela já morreu. Esse homem de pensamento muito frio, muito claro, está quase contente ao saber que o oráculo não disse a verdade. Diante do portador de más notícias, que talvez espera que Édipo retorne a Corinto para assumir a realeza, conforme o previsto, Édipo se justifica: teve de deixar Corinto porque lhe haviam feito a previsão de que mataria o pai e dormiria com a mãe. O mensageiro retruca: "Estavas errado em fazer isso: Pólibo e Peribeia não são teu pai e tua mãe". Estarrecido, Édipo fica pensando no que tudo isso significa.

"TEUS PAIS NÃO ERAM TEUS PAIS"

Jocasta ouve o mensageiro expor que Édipo era um recém-nascido levado ao palácio, adotado em seus primeiros dias pelo rei e pela rainha de Corinto. Não era o filho de suas entranhas, mas o casal quis que Corinto fosse sua cidade. Jocasta tem uma intuição sinistra. Se já não tivesse parcialmente adivinhado, agora estava tudo claro. Ela sai do local da conversa e entra no palácio. "Como sabes isso?", Édipo pergunta ao mensageiro. "Eu sei", ele responde, "porque fui eu mesmo que entreguei a criança a meus patrões. Entreguei-te, a ti, a criança do calcanhar perfurado." "Quem te dera a criança?", pergunta Édipo. O mensageiro reconhece na assistência o velho pastor que antigamente guardava os rebanhos de Laio e Jocasta, aquele que lhe confiou o recém-nascido. Édipo se aflige. O pastor nega. Os dois homens discutem: "Mas tu te lembras muito bem, estávamos com nossos rebanhos no monte Citerão e foste tu que me entregaste a criança". Édipo sente que as coisas estão tomando um rumo aterrador. Pensa por um instante que talvez fosse apenas uma criança encontrada em algum lugar, o filho de uma Ninfa ou de uma deusa, abandonada ali, o que explicaria o destino excepcional que fora o seu. Ainda nutre uma louca esperança, mas para os idosos reunidos surge a verdade. Édipo se dirige ao pastor de Laio e o exorta a dizer a verdade.

"De onde vinha essa criança?"

"Do palácio."

"Quem te dera?"

"Jocasta."

Nesse instante, não há mais sombra de dúvida. Édipo compreende. Como um louco, sai correndo até o palácio para ver Jocasta. Esta se enforcou com seu cinto, no teto. Ele a encontra morta. Com as presilhas de seu vestido, Édipo fura os olhos, ensanguentando os globos oculares.

Filho legítimo de uma estirpe real e maldita, tendo sido afastado e mais tarde retornado a seu lugar de origem — não depois de trilhar um percurso regular e em linha reta, mas depois de ter sido desviado e apartado —, ele já não pode ver a luz, não pode ver o rosto de ninguém. Gostaria também que seus ouvidos estivessem surdos. Gostaria de estar murado numa solidão total, pois se tornou a torpeza da cidade. Quando há uma peste, quando a ordem das estações do ano é modificada, quando a fecundidade é afastada do caminho reto e regular, é porque houve mácula, miasma, e essa torpeza é ele. Jurara que cumpriria sua promessa, dissera que o assassino seria expulso de Tebas ignominiosamente. Deve partir.

O HOMEM: TRÊS EM UM

Nesse relato, como não ver que o enigma proposto pela Esfinge predizia o destino dos Labdácidas? Todos os animais, quer tenham dois ou quatro pés, sejam bípedes ou quadrúpedes, sem falar dos peixes, que não têm pés, possuem uma "natureza" que permanece sempre a mesma. Do nascimento à morte, para eles não há mudança no que define as particularidades de um ser vivo. Cada espécie tem um estatuto, e um só, um único modo de ser, uma única natureza. Enquanto isso, o homem conhece três estágios sucessivos, três naturezas diferentes. Primeiro, é uma criança, cuja natureza difere da de um homem-feito. Assim, para passar da infância à idade adulta, ele tem que se submeter a rituais de iniciação que o fazem cruzar as fronteiras que separam as duas idades. Ao sair da infância e virar adulto, o homem então se torna outra pessoa, adota um novo personagem. Do mesmo modo, e isso é ainda mais verdadeiro para o rei ou para um guerreiro, quando estamos na fase dos dois pés somos alguém cujo prestígio e força se impõem, mas, desde que entramos na velhice, deixamos de ser o homem da façanha guerreira, tornamo-nos, na melhor das hipóteses, o homem da palavra e do conselho sábio, na pior, um detrito lastimável.

O homem se transforma, embora continue a ser o mesmo durante esses três estágios. Ora, o que Édipo representa? A maldição atirada contra Laio proibia qualquer nascimento que prolongasse a estirpe dos Labdácidas. Quando nasce, Édipo assume o papel daquele que não deveria estar lá. Ele é inoportuno. O herdeiro de Laio é ao mesmo tempo descendente legítimo e procriação monstruosa. Sua condição é totalmente capenga. Fadado à morte, ele escapa por milagre. Nativo de Tebas, afastado de seu lugar de origem, ele ignora, quando volta para lá e ocupa a mais alta função, que retornou a seu ponto de partida. Portanto, Édipo tem uma condição desequilibrada. Ao realizar o percurso que o leva ao palácio onde nasceu, Édipo misturou três etapas da existência humana. Transtornou o curso regular das estações, confundindo a primavera da tenra idade com o verão do adulto e o inverno do idoso. Ao mesmo tempo que matava o pai, a ele se identificava, tomando o seu lugar no trono e no leito de sua mãe. Gerando filhos na própria mãe, semeando o campo que o dera à luz, como diziam os gregos, ele se identificava não só com o pai, mas com os próprios filhos, que são simultaneamente filhos e irmãos, filhas e irmãs. Esse monstro de quem falava a Esfinge, e que ao mesmo tempo tem dois, três e quatro pés, é Édipo.

O enigma coloca o problema da continuidade social, da manutenção dos status, das funções, dos cargos dentro das culturas, apesar do fluxo das gerações que nascem, reinam e desaparecem, cedendo lugar à seguinte. O trono deve permanecer o mesmo, embora os que o ocupem sejam continuamente diferentes. Como o poder real pode subsistir, uno e intacto, quando os reis, que o exercem, são numerosos e diversos? O problema é saber de que modo o filho do rei pode se tornar rei como o pai, ocupar seu lugar sem se chocar com ele nem afastá-lo, instalar-se no trono sem tampouco identificar-se ao pai, como se fosse igual a ele. Como o fluxo das gerações, a sucessão dos estágios que marcam a humanidade, e que estão ligados à temporalidade e à imperfeição humana, podem ocorrer lado a lado com uma ordem social que deve permanecer estável, coerente e harmoniosa? A maldição proferida contra Laio, e talvez bem mais além dela, o fato de alguns presentes oferecidos durante as bodas de Cadmo e Harmonia terem um poder maléfico não seriam um modo de reconhecer que, no próprio seio desse casamento excepcional e fundador, insinuavam-se o fermento da desunião e o vírus do ódio, como se entre o casamento e a guerra, entre a união e a luta, existisse um vínculo secreto? Inúmeros são os que disseram — e me incluo entre eles — que o casamento é para a moça o que a guerra é para o rapaz. Numa cidade em que há mulheres e homens, existe uma oposição necessária e uma imbricação necessária entre a guerra e o casamento.

A história de Édipo não termina aí. A linhagem dos Labdácidas devia parar em Laio, e a maldição que pesa sobre Édipo vem de muito longe, de antes mesmo de seu nascimento. Ele não tem culpa, mas paga o pesado tributo representado por essa estirpe de mancos e deturpadores, de criaturas que surgiram à luz do sol quando na verdade não tinham mais o direito de nascer.

OS FILHOS DE ÉDIPO

Quando Édipo já está cego, conta-se que seus dois filhos vão tratá-lo de modo tão indigno que, por sua vez, ele vai lançar contra sua prole masculina uma imprecação semelhante à que, outrora, Pélope proferira contra Laio. Conta-se que, para se divertirem, seus filhos apresentam ao cego, quando ainda está no palácio — portanto, antes que seja expulso de Tebas —, a taça de ouro de Cadmo e a mesa de prata que eles reservam para si, enquanto oferecem a Édipo pedaços de carne de segunda dos animais sacrificados, alimentos de refugo. Conta-se também que o trancaram numa cela escura para escondê-lo, como se fosse uma imundície que se quer manter definitivamente secreta. Então, Édipo lança a imprecação solene de que seus filhos nunca irão se entender, pois os dois vão querer exercer a soberania, disputando-a pela força dos braços e das armas, e que um e outro morrerão.

De fato, é o que acontece. Etéocles e Polinices, que são os descendentes de uma linhagem que não devia ter descendência, vão terminar se odiando mutuamente. Os dois filhos resolvem que vão ocupar o trono em alternância, um após o outro, ano após ano. Etéocles vai ser o primeiro soberano, mas ao fim de um ano anuncia ao irmão que pretende conservar o trono. Afastado do poder, Polinices vai a Argos e volta com a expedição dos Sete contra Tebas, ou seja, argivos contra tebanos. Tenta reconquistar o poder contra o irmão, destruindo Tebas. Num último combate, vão se matar, sendo ambos portanto, o assassino do irmão. Não há mais Labdácidas. A história se conclui — ou finge se concluir — aí.

A expedição de Polinices contra Tebas só foi possível porque Adrasto, rei de Argos, estava decidido a fazê-la para apoiar a causa de Polinices. Para tanto, precisava que um outro vidente, Anfiarau, estivesse de acordo com a expedição. Mas o vidente sabia que seria um desastre, concluindo-se por uma catástrofe na qual ele morreria. O que fez Polinices? Ao sair de Tebas, levou alguns dos presentes que os deuses tinham dado a Harmonia ao casar-se com Cadmo: um colar e um vestido. Partiu com esses dois talismãs e deu-os à mulher de Anfiarau, Erifila, para que ela conseguisse do marido o fim do veto à expedição contra Tebas, deixando, portanto, que Adrasto fizesse o que até então o vidente proibira. Presentes corruptores, presentes maléficos, que também estão ligados a um compromisso, a um juramento: por que o vidente cede à esposa? Porque fez um juramento do qual não consegue mais se livrar: aceitará para sempre fazer o que Erifila lhe pedir. Presentes maléficos, juramentos de caráter irrevogável: o que já estava presente nas bodas de Cadmo e Harmonia encontra-se nessa linhagem, cujo final é o episódio dos dois irmãos se matando.

UM METECO OFICIAL

Quanto a Édipo, ele é expulso de Tebas. Levado por Antígona, termina sua vida na terra de Atenas, perto de Colona, um dos *dêmos* da Ática. Encontra-se numa terra onde não deveria estar, num santuário das Erínias em que é proibido permanecer. As pessoas da região o intimam a partir: que faz esse mendigo num santuário? Ele está tão deslocado quanto Dioniso chegando a Tebas em seu traje feminino e asiático. Que audácia pretender instalar-se num lugar de onde nem sequer pode ser expulso, já que ninguém tem o direito de pôr os pés ali! Chega Teseu e Édipo lhe conta sua desgraça, sente que seu fim está próximo, e compromete-se, se Teseu o acolher, a ser o protetor de Atenas nos conflitos que poderão surgir. Teseu aceita. Édipo, o tebano que tem em sua hereditariedade os Semeados nascidos da terra tebana, mas que também é descendente de Cadmo e Harmonia, é um estrangeiro. Expulso de sua terra ao nascer, para lá voltou e foi de novo expulso, ignominiosamente. Ao fim de suas andanças, ei-lo sem lugar, sem ligações, sem raízes, um migrante. Teseu lhe oferece hospitalidade; não faz dele um cidadão de Atenas, mas lhe dá um estatuto de meteco, *métoikos* — um meteco privilegiado. Édipo vai morar nessa terra que não é a sua. Portanto, opera uma passagem desde a Tebas divina e maldita, unida e esgarçada, até Atenas: passagem horizontal, na superfície da terra.

Édipo torna-se, pois, o meteco oficial de Atenas. Não é a única passagem que efetua: vai também se tornar subterrâneo — será engolido pelas profundezas da terra — e celeste, encaminhando-se para os deuses do Olimpo. Passa da superfície da terra ao que está debaixo dela e também ao que está no céu. Não tem exatamente o estatuto de um semideus, de um herói tutelar — o túmulo do herói está na ágora —, mas desaparece num lugar secreto que só Teseu conhece e que transmite a todos os que exercerem a soberania em

Atenas: túmulo secreto que, para a cidade, é a garantia de seu sucesso militar e de sua continuidade. Assim, eis que um estrangeiro vindo de Tebas e que se instala como meteco em Atenas desaparece debaixo da terra, talvez fulminado por Zeus. Não se transforma em autóctone, nascido da terra, como os cidadãos de Atenas pretendem ser, e tampouco em *gegeneîs*, surgindo todo armado, pronto para o combate, da terra tebana. Não, Édipo faz a passagem em sentido contrário. Vindo como estrangeiro, abandona a luz do sol para se enraizar no mundo subterrâneo, nessa terra de Atenas que não é a sua e à qual, em contrapartida pela hospitalidade que lhe oferecem, ao fim de seus sofrimentos e de suas peregrinações, ele leva a certeza da salvação na paz e na concórdia: como um eco enfraquecido da promessa que Harmonia representava quando os deuses lhe deram como esposa a Cadmo, nos tempos distantes em que Tebas foi fundada.

Perseu, a morte, a imagem

NASCIMENTO DE PERSEU

Há muito tempo, na boa e bela cidade de Argos, havia um rei poderoso chamado Acrísio. Tinha um irmão gêmeo, Proitos, e, antes mesmo de nascerem, os dois já brigavam no ventre de sua mãe Aglaia, espancavam-se e metiam-se em discussões que haveriam de durar a vida toda. Muito em especial, brigavam pelo poder nesse rico vale da Argólida.

Finalmente, Acrísio vai reinar em Argos e o outro, Proitos, em Tirinto. Acrísio é o rei de Argos, mas não se conforma em não ter filho homem. Como é costume, vai se consultar em Delfos para que lhe digam se terá um herdeiro e, se necessário, o que deverá fazer para ter um. Seguindo a regra de praxe, o oráculo não responde à sua pergunta, mas lhe indica que seu neto, filho de sua filha, o matará.

Sua filha se chama Dânae. É uma linda donzela e Acrísio muito a estima, mas fica apavorado com a ideia de que seu neto está fadado a matá-lo. O que pode fazer? Pensa numa solução que significa o isolamento. De fato, o destino de Dânae será quase sempre o isolamento. Acrísio manda construir, aparentemente no pátio do palácio, uma prisão subterrânea de bronze, para onde despacha Dânae na companhia de uma criada colocada a seu serviço; depois, conscienciosamente, tranca as duas ali dentro. Ora, do alto do céu Zeus avistou Dânae na flor da juventude e da beleza e se apaixonou. Estamos numa época em que a divisão entre homens e deuses já ocorreu. Mesmo que estejam separados, a distância ainda não é suficientemente grande para impedir que, de vez em quando, do alto do Olimpo, no éter brilhante, os deuses deem uma espiada nas lindas mortais. Viram, por exemplo, as filhas de Pandora, que foi despachada para junto dos homens, e a quem Epimeteu teve a imprudência de abrir sua porta. Acham-nas maravilhosas. Não que as deusas não sejam belas, mas talvez os deuses encontrem nessas mulheres mortais algo que as deusas não possuem: talvez seja a fragilidade da beleza ou o fato de que, não sendo imortais, é preciso colhê-las quando ainda estão no auge de sua juventude e encanto.

Zeus se apaixona por Dânae e sorri ao vê-la trancada pelo pai nessa prisão subterrânea de bronze. Sob a forma de uma chuva de ouro, ele desce e se introduz a seu lado; também é possível que, ao chegar à prisão, tenha assumido sua personalidade divina sob a aparência humana. Zeus une-se em amor com Dânae, no maior sigilo. Dânae espera um filho, um menino que se chamará Perseu. Essa aventura permanece clandestina até o momento em que Perseu, vigorosa criança, dá tantos gritinhos que, um dia, passando pelo pátio, Acrísio ouve um barulho estranho na prisão onde encerrou a filha. O rei pede para vê-la. Manda que todos subam, interroga a ama e é informado de que lá dentro existe um garotinho. Sente-se tomado de terror e fúria, pensando no oráculo de Delfos. Sua impressão é de que a criada introduziu sorrateiramente alguém para ficar ao lado de Dânae. Ele interroga a filha: "Quem é o pai desse rebento?". "Zeus." Acrísio não acredita. Começa por suprimir a criada que se tornara ama de leite, sacrificando-a justamente em seu altar doméstico a Zeus. Mas, o que fazer de Dânae e de seu filho? Um pai não pode sujar as mãos com o sangue da filha e do neto. Resolve encarcerá-los de novo.

Manda vir um carpinteiro muito hábil, muito competente, que constrói uma caixa de madeira em que ele coloca Dânae e Perseu. Entrega aos deuses o cuidado de solucionar o caso e livra-se deles, não mais prendendo-os no subsolo da casa, mas abrindo todo o espaço marinho às andanças de sua filha e de seu neto, fechados no esconderijo. Na verdade, a caixa voga no mar até perto de Serifo, uma pequena ilha não muito rica. Díctis, um pescador, mas de linhagem real, recolhe a caixa. Abre-a e vê Dânae com o filho. Também é seduzido pela beleza de Dânae; leva a jovem e o filho até sua casa, recebe-os como se fizessem parte de sua própria família. Mantém Dânae em sua companhia, respeitando-a, e cria Perseu como se fosse seu filho. Díctis tem um irmão, Polidectes, que reina em Serifo. O pequeno Perseu cresce sob a proteção de Díctis. A beleza de Dânae causa estragos: o rei Polidectes, que a viu, também se apaixona por ela. Quer a qualquer preço desposá-la ou, pelo menos, conquistá-la. Não é fácil, pois Perseu já é quase um homem e vigia a mãe. Díctis também a protege e Polidectes fica imaginando como vai agir. Encontra a seguinte solução: convoca um grande banquete para o qual é convidada toda a juventude da região. Cada jovem deve levar um presente ou uma contribuição para o banquete.

A CORRIDA ÀS GÓRGONAS

É o rei Polidectes que preside a mesa. Como pretexto para o banquete, fala de sua suposta intenção de se casar com Hipodâmia.

Para tanto, deve apresentar aos que têm autoridade sobre a donzela presentes luxuosos, objetos de valor. Toda a juventude de Serifo está lá, e Perseu também, é claro. Durante o banquete, cada um mostra sua generosidade e sua nobreza. O rei pede que lhe tragam sobretudo cavalos. Hipodâmia é uma jovem que adora equitação; se lhe oferecerem um curral repleto, seu coração se comoverá. O que fará Perseu para impressionar os companheiros de sua idade e o rei? Ele declara que não é um cavalo que trará, mas o que o rei quiser, por exemplo, a cabeça de uma das Górgonas. Diz isso sem refletir muito. No dia seguinte, todos levam ao rei os presentes prometidos. Perseu apresenta-se de mãos vazias e se declara disposto a lhe trazer mais uma égua, mas o rei responde: "Não, vais me trazer a cabeça da Górgona". Não há como escapar: se ele voltar atrás em seu compromisso, ficará desmoralizado. Em nenhuma hipótese poderá descumprir suas promessas, e muito menos suas bazófias. Portanto, Perseu é obrigado a trazer a cabeça da Górgona. Não nos esqueçamos de que ele é filho de Zeus e conta com a simpatia e o apoio de algumas divindades, sobretudo de Atena e Hermes, deuses inteligentes, sutis, diligentes, que vão se empenhar para que a promessa seja cumprida. Assim, Atena e Hermes assistem o jovem na façanha que ele deve realizar. Expõem-lhe a situação: para conseguir chegar perto das Górgonas, é preciso, antes de mais nada, saber onde elas estão.

Ninguém sabe onde se escondem. São monstros pavorosos, três irmãs que formam um grupo de seres monstruosos, assassinos, sendo que duas delas são imortais e a terceira, que se chama Medusa, é mortal. É a cabeça de Medusa que ele tem de trazer.

Trata-se, pois, de chegar às Górgonas, reconhecer qual é Medusa e cortar sua cabeça. Não é fácil. Primeiro, Perseu tem que saber onde ir procurá-las, e para isso deverá passar por uma série de etapas, de provas, com a ajuda dos deuses protetores. A primeira prova consiste em descobrir e abordar um trio de irmãs das Górgonas, as Graias, que, como as outras, são filhas de monstros particularmente perigosos, Fórcis e Ceto, dois monstros marinhos imensos como baleias. As Graias não moram numa terra tão distante quanto suas irmãs. Estas vivem mais além do oceano, fora das fronteiras do mundo, às portas da noite, ao passo que as Graias — as *Graîai* — estão no mundo. Como as Górgonas, são três, são jovens, mas já nasceram velhas. Digamos que são mocinhas ancestrais, jovens idosas, muito enrugadas, de pele amarela, como a película que se forma na superfície do leite que esfria, e que se chama *graûs* — a pele enrugada do leite. No corpo dessas moças divinas, em vez de uma carnação branca, há a monstruosidade de uma pele de velha toda murcha e enrugada. Têm ainda outra característica: formam um trio tão mais unido e solidário na medida em que dispõem, para as três, de um só olho e de um só dente. Como se fossem uma só criatura.

Um só olho, um só dente: pode-se dizer que não é muito, e que elas realmente estão em desvantagem. Mas não propriamente, pois, como só têm um olho, passam-no entre si em rodízio, sem interrupção, de modo que esse olho, sempre aberto, vive à espreita. Só têm um dente, mas essas jovens velhas não parecem tão desdentadas assim, pois o dente também circula e elas podem devorar todo tipo de gente, a começar por Perseu.

Então, um pouco como na brincadeira do meu tempo de passar o anel, Perseu deverá ter o olho mais vivo do que essas três moças-velhas que só têm um, mas de uma vigilância quase infalível. Precisa descobrir o momento em que esse olho não pertence a nenhuma das três. Elas o passam entre si para que, continuamente, o olho se mantenha vigilante. Entre o momento em que uma o passa e o em que a outra o recebe, há um curto intervalo, pequena brecha na continuidade temporal em que Perseu, como uma flecha, deverá se meter para roubar o olho. No jogo de passa-anel, há um barbante no qual circula um anel, os jogadores põem as duas mãos sobre o barbante, e cada um passa esse anel de uma mão para outra, e depois para a mão do vizinho, escondendo-o. Quem está no meio da roda deve adivinhar onde está o anel. Se adivinhar, ganha; se bater numa das mãos que esteja vazia, perde e é castigado.

Perseu não se engana. Vê o instante em que o olho está disponível, e o agarra. Também apanha o dente. As Graias ficam num estado pavoroso, gritando de raiva e de dor, cegas e sem dente. Imortais, estão reduzidas a nada. Obrigadas a implorar a Perseu que lhes devolva o olho e o dente, estão dispostas a lhe oferecer qualquer coisa em troca. A única coisa que ele quer é que lhe indiquem o lugar onde residem as jovens *Nýmphai*, as Ninfas, e o caminho para chegar lá.

A palavra *nýmphe* significa o instante em que a moça passa a ser núbil; tendo saído da infância, ela está pronta para o casamento, sem ser ainda uma mulher-feita. Essas Ninfas também são três. Ao contrário das Graias, que localizam e devoram as pessoas com seu dente e seu olho únicos, as *Nýmphai* são muito disponíveis e acolhedoras. Basta Perseu pedir o que deseja e elas lhe dão: indicam onde se escondem as Górgonas e o presenteiam com objetos mágicos que lhe permitirão realizar o impossível, enfrentar o olho da Medusa e matar a única mortal das três Górgonas. As Ninfas lhe oferecem sandálias aladas, as mesmas de Hermes. Quem as vestir poderá não mais caminhar com um pé depois do outro, prosaicamente, na terra, mas voar a toda, tão veloz quanto o pensamento, quanto a águia de Zeus, e atravessar o espaço de norte a sul sem a menor dificuldade. Primeiro, a velocidade.

Depois as Ninfas lhe dão o capacete de Hades, uma espécie de touca feita de pele de cão, que também cobre a cabeça dos mortos. Na verdade, graças ao capacete de Hades os mortos ficam sem rosto, invisíveis. Ele representa o estatuto dos mortos, mas também permite a um ser vivo, se o usar, tornar-se invisível como um espectro. Pode ver sem ser visto.

Velocidade, invisibilidade. Elas lhe dão também um terceiro presente, que é a *kísibis*, uma bolsa, ou mochila, na qual os caçadores guardam a caça morta. Nessa mochila Perseu colocará a cabeça de Medusa para que os olhos mortais da Górgona não se abram. A tudo isso Hermes acrescenta um presente pessoal, que é a *hárpe*, foice curva que corta materiais de qualquer dureza. Foi com a *hárpe* que Crono mutilou Urano.

Assim, eis Perseu equipado da cabeça aos pés: as sandálias, o capacete da invisibilidade, a *kísibis* nas costas e a foice na mão. E ei-lo voando rumo às três Górgonas.

Quem são as Górgonas? São seres cuja natureza comporta traços absolutamente contraditórios. Sua monstruosidade consiste em apresentar traços incompatíveis entre si: são parcialmente imortais — duas delas — e parcialmente mortais — a terceira; são mulheres, mas em suas cabeças crescem serpentes horrorosas, que lançam olhares selvagens; levam nos ombros imensas asas de ouro e podem voar como pássaros; suas mãos são de bronze. Conhecemos um pouco melhor a cabeça, extraordinária, ao mesmo tempo feminina e masculina, pavorosa, embora alguns se refiram à *bela* Medusa ou às *belas* Górgonas. Nas imagens que as representam, vemos que têm barba. Mas esses rostos barbudos não são completamente humanos, pois têm uma dentadura animalesca, com duas presas compridas de javali aparecendo em suas bocas abertas num ricto, e de língua de fora. Dessa boca torta sai uma espécie de grito terrível, como o de um bronze no qual batemos e que nos paralisa de terror.

Há, sobretudo, os olhos. Quem as mira nos olhos é imediatamente transformado em pedra. Tudo o que caracteriza a coisa viva

— a mobilidade, a flexibilidade, o calor, a suavidade do corpo —, tudo se torna pedra. Não é apenas a morte que enfrentamos, é a metamorfose que nos faz passar do reino humano ao reino mineral e, portanto, ao que há de mais contrário à natureza humana. Disso ninguém escapa. Assim, a dificuldade para Perseu será, de um lado, saber exatamente qual das três Górgonas ele vai degolar, e, de outro, não cruzar em momento algum o olhar de nenhuma delas. Mais que isso, tem de degolar Medusa sem que jamais ela apareça em seu campo de visão. Na história de Perseu, o olhar tem um papel considerável: diante das Graias, tratava-se apenas de ter o olhar mais vivo que os monstros. Mas, quando se olha uma Górgona, quando se cruza com o olhar de Medusa, de relance ou não, o que se vê refletido no olhar do monstro é a própria pessoa transformada em pedra, ela mesma transformada numa face do Hades, numa figura de morto, cego, sem olhar.

Perseu jamais seria bem-sucedido se Atena não lhe tivesse dado conselhos e uma boa ajuda. Disse-lhe que ele precisava chegar por trás, esperar o momento em que as duas Górgonas imortais estivessem descansando, de olho fechado. Quanto a Medusa, teria de cortar sua cabeça sem jamais olhá-la. Para isso, seria preciso, na hora de manejar a *hárpe*, virar a própria cabeça para o outro lado. Mas, se ficasse olhando assim para o outro lado, como degolá-la? Sem olhar, Perseu não saberia onde ela estava, e correria o risco de cortar um braço ou qualquer outra parte do corpo de Medusa. Portanto, assim como com as Graias, ele precisa saber exatamente onde dar o golpe, valendo-se de um olhar certeiro, exato, infalível, e, ao mesmo tempo, sem ver o olho petrificante que existe no alvo visado.

Estamos em pleno paradoxo. O problema é resolvido por Atena, que dá um jeito de pôr diante da Górgona seu belo escudo reluzente, de tal modo que, sem encarar Medusa, Perseu pode ver claramente seu reflexo no espelho da arma para conseguir acertar o golpe e degolá-la como se a estivesse vendo cara a cara. Corta sua cabeça, agarra-a, coloca-a na *kísibis* e vai embora.

As duas outras Górgonas acordam com o grito de Medusa. Com seus berros característicos, estridentes e pavorosos, elas se lançam na perseguição de Perseu. Ele também pode voar, mas além disso tem sobre elas a vantagem de ser invisível. Tentam agarrá-lo, ele escapa, elas ficam furiosas.

A BELEZA DE ANDRÔMEDA

Perseu chega à Etiópia, nas margens orientais do Mediterrâneo. Enquanto voa, percebe uma linda donzela amarrada a um penhasco, com as ondas banhando seus pés. Essa visão o emociona. A jovem se chama Andrômeda. Foi colocada nessa triste posição por seu pai Cefeu, cujo reino enfrentou graves desgraças. Comunicaram ao rei e a seu povo que o único jeito de acabar com a desgraça era entregar Andrômeda a um monstro marinho, a um desses deuses do mar, a essa onda capaz de submergir um país. Abandonada, o monstro iria buscá-la e faria o que quisesse: devorá-la-ia ou unir-se-ia a ela.

A pobre donzela está gemendo, seu lamento chega a Perseu, que está volteando nos ares; ele a ouve, a vê. Seu coração é seduzido pela beleza de Andrômeda. Ele vai encontrar Cefeu, que lhe explica o que aconteceu. Perseu promete libertar sua filha se Cefeu permitir que eles se casem. O pai aceita, pensando que, de toda maneira, o rapaz não conseguirá salvá-la. Perseu volta ao lugar onde Andrômeda está amarrada, no meio das ondas, de pé em seu pequeno rochedo. O monstro avança para ela, imenso, terrível, e aparentemente invencível. O que pode fazer Perseu? De boca aberta, com a cauda batendo nas ondas, o monstro ameaça a bela Andrômeda. Nos ares, Perseu se coloca entre o sol e o mar, de tal modo que sua sombra se projete na água, bem diante dos olhos do monstro. A sombra de Perseu no espelho das águas lembra o reflexo de Medusa no escudo de Atena. Perseu não esqueceu a lição que a deusa lhe deu. Ao ver essa sombra que se mexe em sua frente, o monstro imagina que essa é a criatura que o põe em perigo. Joga-se sobre o reflexo e é nesse instante que Perseu, do alto do céu, atira-se sobre ele e o mata.

Perseu mata o monstro e solta Andrômeda. Instala-se com ela na beira do mar e, então, talvez cometa um erro. Andrômeda está muito nervosa, transtornada, tenta recuperar um pouco de vida e de esperança, ali na praia, no meio dos penhascos. Para ir reconfortá-la e ter liberdade de movimento, Perseu põe a cabeça de Medusa na areia, de tal forma que os olhos do monstro ficam ligeiramente para fora da mochila. O olhar de Medusa estende-se rente à água; as algas que boiavam flexíveis, moles, vivas, são solidificadas, petrificadas, transformadas em corais sangrentos. Por isso é que há no mar algas mineralizadas: o olhar de Medusa as transformou em pedra, no meio das ondas.

Em seguida, Perseu sai dali levando Andrômeda. Pega a mochila bem fechada e chega a Serifo, onde sua mãe o espera. Díctis também o espera. Ambos se refugiaram num santuário, para escaparem de Polidectes. Perseu resolve então se vingar do mau rei. Manda lhe dizer que está de volta e que trouxe o presente prometido. Irá entregá-lo durante um grande banquete. Toda a juventude, todos os homens de Serifo estão reunidos no salão. Comem, bebem, fazem festa. Chega Perseu. Ele abre a porta, cumprimentam-no, ele entra, Polidectes fica imaginando o que vai acontecer.

Enquanto os convivas estão sentados ou relaxados, Perseu continua de pé. Pega na mochila a cabeça de Medusa e começa a brandi-la energicamente, desviando seu olhar para a porta que há no outro lado. Todos os convidados ficam paralisados, na exata posição que ocupavam. Alguns estavam bebendo, outros, falando, de boca aberta, observando a chegada de Perseu, e Polidectes estava numa pose de estupefação. Todos os participantes do banquete são, assim, transformados em estátuas de pedra. Tornam-se imagens mudas e cegas, o reflexo do que eram quando viviam. Então, Perseu guarda na mochila a cabeça de olhar petrificante. Nesse momento, pode-se dizer que, de certa forma, concluiu-se a história de Perseu.

Mas ainda há seu avô, Acrísio. Perseu sabe que ele agiu daquela forma porque pensava que seu neto o mataria. Vem-lhe a ideia de que é possível reconciliar-se com o avô. Assim, parte com Andrômeda, Dânae e Díctis para Argos, onde Acrísio — avisado de que o pequeno Perseu já é homem-feito, realizou façanhas e vai a caminho de Argos — está morto de medo e resolve ir para uma cidade vizinha onde se realiza uma competição esportiva.

Quando Perseu chega a Argos, comunicam-lhe que Acrísio foi participar desses jogos esportivos, mais especificamente do concurso de lançamento de disco. O jovem Perseu, bonito, forte e na flor da idade, é convidado a participar da competição. Então, pega seu disco e o lança. Por acaso o disco cai no pé de Acrísio, provocando-lhe um ferimento mortal. O rei morre, mas Perseu hesita em subir ao trono de Argos, que é seu. Suceder ao rei cuja morte ele causou não lhe parece adequado. Para promover a reconciliação familiar, propõe uma troca a Proitos, irmão do falecido rei, e que reina em Tirinto: ele subirá ao trono de Argos, enquanto Perseu ocupará seu lugar em Tirinto.

Antes disso, porém, devolve os instrumentos de sua vitória contra Medusa a seus respectivos donos. A Hermes entrega não só a *hárpe*, mas as sandálias aladas, a mochila e o capacete de Hades, para que sejam restituídos, mais além do mundo humano, às suas legítimas proprietárias, as Ninfas. Quanto à cabeça cortada do monstro, dá de presente a Atena, que a transforma na peça central de seu equipamento guerreiro. Ostentado no campo de batalha, o *Gorgóneion* da deusa paralisa o inimigo, lívido de pavor, e o despacha, transformado em fantasma, em dublê espectral, em *eídolon*, para o Hades, a terra das sombras.

Voltando a ser um simples mortal, o herói cuja façanha o transformara por tanto tempo em um "senhor da morte", um dia também morrerá, como qualquer um de nós. Mas, para homenagear o jovem que ousou desafiar a Górgona de olhar petrificante, Zeus transporta Perseu para o céu, onde o fixa na forma das estrelas da constelação que leva seu nome e que, na escura abóbada noturna, desenha sua figura em pontos luminosos visíveis por todos, para sempre.

Glossário

Acrísio — Pai de Dânae, rei de Argos. Será morto por seu neto Perseu, no regresso do herói que venceu a Medusa.

Adrasto — Rei de Argos, sogro de Polinices, um dos filhos de Édipo, expulso de Tebas por seu irmão. Dirige a chamada expedição dos Sete contra Tebas.

Afrodite — Deusa do amor, da sedução e da beleza, nascida da espuma do mar e do esperma de Urano emasculado. Recebe de Páris o prêmio que a consagra como a mais bela deusa.

Agamêmnon — Rei de Argos. Alçado à frente dos gregos durante a guerra de Troia, foi morto, ao voltar, por sua mulher Clitemnestra.

Ágave — Filha de Cadmo, mãe de Penteu.

Agenor — Rei de Tiro ou Sídon. Pai de Europa.

Aglaia — Uma das Graças.

Alcínoo	Rei dos feácios, marido de Areta, pai de Nausícaa. Oferece hospitalidade a Ulisses e o manda de volta para Ítaca num de seus navios.
Alexandre	Outro nome de Páris, filho de Príamo e sedutor de Helena.
Andrômeda	Filha de Cefeu, rei dos etíopes. Para acalmar a ira de Posêidon, o pai a entrega a um monstro marinho, acorrentada a um rochedo. É salva por Perseu.
Anfiarau	Vidente de Argos. Marido de Erifila. Intervém na partida da expedição dos Sete contra Tebas, onde morrerá.
Anfíon	Filho de Zeus e de Antíope. Irmão de Zeto. Mata Lico, instalado no trono de Tebas, e toma o seu lugar, junto com o irmão.
Anfitrite	Nereida, esposa de Posêidon.
Anquises	Troiano. Une-se a Afrodite no monte Ida. Pai de Eneias.
Antígona	Filha de Édipo. Acompanha seu pai exilado e cego.
Antínoo	Um dos pretendentes de Penélope.
Aquiles	Filho de Tétis e Peleu. O maior herói da guerra de Troia. Prefere a glória imorredoura da morte em plena juventude a uma longa vida tranquila mas obscura.
Ares	Deus da guerra, da confusão mortífera.
Argeu	Um dos três Ciclopes, filho de Urano e Gaia.
Argos	Nome dado ao cachorro de Ulisses, talvez em homenagem ao herói Argos. Nada escapava a seu olhar, sempre atento a tudo.

Ártemis	Filha de Zeus e Leto, irmã de Apolo. Divindade caçadora que combate ao lado dos Olímpios contra os Titãs.
Atamante	Rei da Beócia. Casa-se em segundas núpcias com Ino, filha de Cadmo.
Atena	Filha de Zeus e Mêtis. Ao nascer, sai toda armada da cabeça de Zeus. Deusa da guerra e da inteligência. Compete com Hera e Afrodite durante o julgamento de Páris.
Atlas	Filho de Jápeto, irmão de Prometeu. Zeus o condenou a suportar em suas costas a abóbada do céu.
Autólico	Filho de Hermes. Mentiroso, ladrão, avô de Ulisses.
Autônoe	Uma das filhas de Cadmo. Esposa de Aristeu, mãe de Actéon, que será estraçalhado pelos cães.
Bálio	Um dos cavalos de Aquiles, imortal e loquaz.
Belerofonte	Herói coríntio que derrotou a Quimera, com a ajuda do cavalo Pégaso.
Bía	Filha de Estige. Personifica a força violenta da qual o soberano dispõe.
Bóreas	Vento do Norte.
Briareu	Um dos três Cem-Braços, irmãos dos Ciclopes e dos Titãs, filhos de Urano e Gaia.
Brontes	Um dos três Ciclopes, filho de Urano e Gaia.
Cadmo	Filho de Agenor, rei de Sídon. Acompanhado da mãe Teléfassa, parte à procura de sua irmã Europa. Marido de Harmonia. Fundador e primeiro rei de Tebas.
Cálidon	Região da Etólia, ao norte do golfo de Corinto.

Caos	Ou Abismo. Elemento primordial de onde saiu o mundo.
Caríbdis	Monstro marinho que, de seu rochedo, engolia todos os navios que passavam pelas proximidades.
Castor	Um dos Dióscuros, filho de Zeus e Leda. Contrariamente a seu irmão Pólux, ele é mortal, cavaleiro, especialista na arte da guerra e da cavalaria.
Cefeu	Rei dos etíopes. Pai de Andrômeda.
Centauros	Monstros de cabeça e tronco humanos e o resto do corpo em forma de cavalo. Nos bosques e nas montanhas levam uma vida selvagem, mas podem se encarregar da educação dos jovens.
Cérbero	Cão dos Infernos. Vigia as portas do reino dos mortos para que nenhum vivo ali penetre e para que nenhum defunto dali escape.
Ceto	Monstro marinho, filha de Ponto e Gaia, mãe das Graias e das Górgonas.
Ciclopes	Trinca de filhos de Urano e Gaia, com um só olho fulgurante no meio da testa: Brontes, Estéropes, Argeu.
Cícones	Povo da Trácia, aliado dos troianos. Ulisses, ao voltar da guerra, faz escala na terra deles, saqueia a cidade de Ísmaro, mas, atacados por todo lado, os gregos têm que voltar para o mar e fugir.
Cila	Monstro devorador que espia e devora a tripulação dos navios que passam a seu alcance.
Cílice	Filho de Agenor, rei de Sídon. Irmão de Cadmo, também parte à procura de sua irmã Europa.

Cimérios	Povo que vive próximo às portas do Hades, numa região em que não brilha o sol.
Circe	Feiticeira, filha do Sol, mora na ilha de Eea. Transforma os companheiros de Ulisses em porcos. Derrotada pelo herói, une-se a ele; vivem juntos longos dias.
Clitemnestra	Filha de Zeus e Leda, irmã de Helena, mulher de Agamêmnon. Trai o marido com Egisto e o assassina quando ele volta de Troia.
Coto	Um dos três Cem-Braços.
Creonte	Irmão de Jocasta. Assume a monarquia de Tebas depois da morte de Laio e antes da chegada de Édipo.
Crisipo	Filho de Pélope, rei de Corinto. Cortejado por Laio, hóspede de seu pai, e raptado à força, ele se suicida.
Crono	Caçula dos Titãs, primeiro soberano do mundo.
Ctônio	Um dos cinco sobreviventes da batalha travada pelos Semeados assim que saem do solo de Tebas, do qual nasceram.
Dânae	Filha de Acrísio, mãe de Perseu, que nasce de sua união com Zeus no segredo do quarto subterrâneo onde o pai a deixou reclusa.
Deífobo	Filho de Príamo e Hécuba. Irmão de Heitor. Desempenha um papel nas negociações entre gregos e troianos. Morto por Menelau durante a tomada da cidade.
Díctis	Irmão do rei de Serifo, Polidectes. Acolhe e protege Dânae e Perseu, expulsos pelo pai e avô Acrísio.

Dioniso	Filho de Zeus e Sêmele. Retorna a Tebas, lugar de seu nascimento, para que seu culto aí seja reconhecido.
Dióscuros	Castor e Pólux, os filhos gêmeos de Zeus e Leda, esposa de Tíndaro. São irmãos de Helena e Clitemnestra.
Édipo	Filho de Laio e Jocasta. Abandonado ao nascer, devido a um oráculo que afirmara que ele mataria o pai e dormiria com a mãe — o que ele fará sem saber.
Egipã	Ajuda Hermes a retomar de Tífon os nervos de Zeus.
Egisto	Filho de Tiestes, inimigo dos Atridas. Consegue seduzir Clitemnestra e, com sua ajuda, matar Agamêmnon em seu retorno de Troia.
Eneias	Filho de Anquises e Afrodite. Combate com os troianos. Na queda da cidade, consegue escapar levando seu velho pai, antes de chegar à Itália meridional.
Éolo	Senhor dos ventos. Dá hospitalidade a Ulisses e lhe dá um odre, cheio de todos os ventos, para que ele possa ir em linha reta até Ítaca.
Éos	A Aurora. Essa deusa apaixonada por Títono consegue de Zeus que ele dê a seu amante a possibilidade de nunca morrer.
Epimeteu	Irmão — e contrapartida — de Prometeu. Em vez de saber as coisas antecipadamente, só as compreende tarde demais, *a posteriori*. Recebe Pandora em sua casa e a desposa.

Equidna	Monstro viperino, metade mulher e metade serpente. Unida a Tífon, gera uma série de monstros.
Equíon	Um dos cinco Semeados, marido de Ágave, pai de Penteu.
Érebo	Filho do Caos. Personifica as trevas.
Erifila	Esposa de Anfiarau. Polinices, ao lhe oferecer o colar de Harmonia, consegue que ela se pronuncie a favor da guerra contra Tebas, onde reina Etéocles.
Erínias	Deusas vingativas nascidas das gotas de sangue de Urano que caíram no chão.
Eros	Amor. 1. O velho Eros: divindade primordial na origem do mundo. 2. Eros, filho de Afrodite: preside à aproximação sexual, à união sexual.
Esfinge	Monstro feminino, alado, com cabeça e tronco de mulher e o resto de um leão. Mata os que não conseguem decifrar o enigma proposto a Édipo.
Estéropes	Um dos três Ciclopes, filho de Urano e Gaia.
Estige	Filha mais velha de Oceano, personifica um rio infernal com o poder de matar.
Etéocles	Filho de Édipo. Rival do irmão Polinices, com quem se recusa a dividir o reino de Tebas depois da partida de seu pai.
Éter	Filho da Noite. Personifica a luz celeste pura e constante.
Eumeu	Guardador de rebanhos de Ulisses, a quem se mantém fiel.
Euricleia	Ama de Ulisses, ela é uma das primeiras a reconhecê-lo, ao lavar seus pés, pois vê a cicatriz que ele tem na perna.

Euríloco	Companheiro e cunhado de Ulisses. Suas iniciativas e seus conselhos não são dos melhores.
Europa	Filha de Agenor, rei de Tiro ou Sídon. Raptada por Zeus metamorfoseado em touro e transportada para Creta.
Feácios	Povo de navegadores, que fazem com que Ulisses, no fim de suas andanças, passe do mundo situado em outro lugar ao mundo humano, depositando-o adormecido numa das praias de Ítaca.
Fênix	Um dos filhos de Agenor, que partiu com seus irmãos à procura de Europa, raptada por Zeus.
Filécio	Pastor encarregado de vigiar o gado bovino de Ulisses, a quem se mantém fiel.
Fórcis	Filho de Gaia e Ponto. De sua união com Ceto nascem as três Graias.
Gaia	Nome dado à Terra como divindade.
Gies	Um dos três Cem-Braços.
Gigantes	Saídos das gotas do sangue de Urano que caíram na terra. Personagens que encarnam a guerra e os combates.
Górgonas	Três monstros que têm a morte nos olhos. Apenas uma é mortal: Medusa, cuja cabeça é cortada por Perseu.
Graias	Três velhas donzelas que dividem um dente e um olho únicos. Perseu rouba esse dente e esse olho.
Hades	Filho de Crono e Rea, como todos os Olímpios. Deus da morte, reinando no mundo subterrâneo das trevas.
Harmonia	Filha de Ares e Afrodite. Mulher de Cadmo.

Harpias	Monstros de corpo de abutre e cabeça de mulher. Atacam os humanos, raptando-os e fazendo-os desaparecerem sem deixar rastros.
Hécate	Filha de Titãs, essa deusa Lua é especialmente homenageada por Zeus.
Hécuba	Mulher de Príamo, rei de Troia. Mãe de Heitor.
Hefesto	Filho de Zeus e Hera. Senhor da forja.
Hekatonkhîres	Ou Cem-Braços. Trinca de filhos de Gaia e Urano: Coto, Briareu, Gies. Gigantes de cinquenta cabeças e cem braços, de força invencível.
Hélio	O deus Sol.
Heméra	Filha da Noite. Personifica a luz do dia.
Hera	Mulher de Zeus.
Héracles	O herói dos Doze Trabalhos. Seus pais humanos são Anfitrião e Alcmena, da descendência de Perseu. Na verdade, seu pai verdadeiro é Zeus.
Hermes	Filho de Zeus e da Ninfa Maia, esse jovem deus mensageiro está ligado ao movimento, aos contatos, às transações, às passagens, ao comércio. Ele liga a terra e o céu, os vivos e os mortos.
Hesíodo	Poeta da Beócia, autor da *Teogonia* e de *Os trabalhos e os dias*.
Héstia	Deusa do lar. É a última dos filhos que Crono engole e a primeira a reaparecer quando é obrigado a regurgitá-los.
Hímeros	Personificação do desejo amoroso.
Hiperenor	Um dos cinco Semeados.
Hipodâmia	Filha de Enômao, rei da Élida. Seu pai, para conceder sua mão, exigia dos pretendentes que o vencessem numa corrida de carro, cujo prêmio era a filha.

Homero	Poeta da *Ilíada* e da *Odisseia*.
Horas	Três filhas de Zeus e Têmis, irmãs das Moiras. Divindades das estações do ano, cujo curso regular elas presidem.
Hýpnos	Personificação do sono. Filho de Noite e Érebo, irmão de Tanatos, Morte.
Idas	Irmão de Linceu, primo dos Dióscuros, contra os quais Idas e Linceu lutam. Durante o enfrentamento, Idas mata Castor e fere Pólux. Zeus, para socorrer o filho, o fulmina.
Idomeneu	Chefe do contingente cretense na guerra de Troia. Figura entre os pretendentes à mão de Helena.
Ino	Filha de Cadmo e Harmonia, tia de Dioniso. Casa-se com Atamante e o convence a recolher o pequeno Dioniso. Hera, ciumenta, os enlouquece. Ino se joga na água e torna-se a Nereida Leucótea.
Iro	Mendigo titular que frequenta o palácio real de Ítaca. Castigado por Ulisses quando pretende proibi-lo de entrar no palácio.
Ísmaro	Cidade da Trácia, no país dos cicones. Ulisses toma a cidade em seu caminho de volta, antes de ser expulso pelos camponeses dos arredores.
Ismena	Filha de Édipo, irmã de Antígona.
Jápeto	Um dos Titãs. Pai de Prometeu.
Jocasta	Mulher de Laio e mãe de Édipo, com quem se unirá sem saber que ele é seu filho.
Kêres	Filhas da Noite, forças da morte e do desastre.
Krátos	Filho de Estige. Personifica o poder de dominação exercido pelo soberano.

Labdácidas	Descendência de Lábdaco, contra a qual Pélope profere uma maldição.
Laertes	Pai de Ulisses.
Laio	Filho de Lábdaco, pai de Édipo. Reina em Tebas, onde se casa com Jocasta. Morto por seu filho durante um encontro em que se opõem sem se reconhecerem.
Leda	Filha de Téstio, rei da Etólia. Casa-se com Tíndaro. Zeus une-se a ela sob a forma de um cisne.
Lestrigões	Gigantes antropofágicos.
Leucótea	Nome dado a Ino depois de sua transformação em divindade bondosa e salvadora do mar.
Lico	Pai de Nicteu, filho do Semeado Ctônio.
Licurgo	Rei da Trácia. Persegue o jovem Dioniso, que é obrigado a se jogar no mar para escapar.
Limós	Personificação da fome.
Linceu	Irmão de Idas. Célebre por sua vista penetrante. Morto por Pólux durante a batalha que seu irmão e ele travam contra seus primos, os Dióscuros.
Lotófagos	Povo de comedores de lótus, planta do esquecimento.
Máron	Sacerdote de Apolo, em Ísmaro. Poupado por Ulisses durante a destruição da cidade. Oferece ao herói um vinho maravilhoso.
Mecona	Planície perto de Corinto, maravilhosamente fértil.
Medeia	Filha de Eetes, rei da Cólquida. Neta do Sol, sobrinha de Circe. Maga.
Medusa	Entre as três Górgonas, é a mortal, cuja cabeça é cortada por Perseu.

Melíadas	Saídas das gotas do sangue de Urano que caíram no chão. Ninfas dos Freixos, encarnando um espírito beligerante.
Menelau	Irmão de Agamêmnon. Marido de Helena.
Mêtis	Primeira esposa de Zeus, mãe de Atena. Personifica a inteligência astuta.
Minos	Rei de Creta. Juiz nos Infernos.
Moiras	São três, e representam os destinos, o lote que cabe a cada um de nós.
Musas	Cantoras divinas. São as nove filhas de Zeus e de *Mnemosýne*, Memória.
Nausícaa	Filha do rei e da rainha da Feácia. Encontra Ulisses, aconselha-o e guia-o para que ele seja recebido como hóspede por seus pais. Acha que ele será um ótimo marido.
Némesis	Divindade vingativa. Filha de Noite. Zeus assume a forma de cisne para unir-se a ela, que assume a forma de ganso, mas rebela-se contra essa união. Némesis põe um ovo que será ofertado a Leda.
Nereidas	As cinquenta filhas de Nereu, o deus do mar, e de Dóris, filha do Oceano. Vivem no palácio do pai, no fundo da água, mas às vezes também aparecem brincando nas ondas.
Nereu	Filho de Gaia e de Ponto. Chamam-no "o velho do mar". Com Dóris, uma das filhas de Oceano, gera as cinquenta Nereidas.
Nestor	O mais velho combatente grego na guerra de Troia. Demonstra uma sensatez loquaz e gosta de evocar, nostálgico, suas façanhas do passado.

Nicteida	Filha de Ctônio, um dos Semeados. Mulher de Polidoro, mãe de Lábdaco.
Nicteu	Filho de Ctônio, um dos Semeados. Irmão de Lico.
Ninfas	Filhas de Zeus, deusas da juventude que animam as nascentes, os rios, os bosques e os campos.
Noto	Vento do Sul, quente e úmido.
Nýx	Noite, filha de Caos.
Oceano	Um dos Titãs. Rio circular que com seu curso dá a volta ao mundo.
Olimpo	Montanha cujo topo serve de morada aos deuses Olímpios.
Ótris	Montanha para onde se retiraram os Titãs que enfrentaram os Olímpios.
Pandora	A primeira mulher, oferecida pelos deuses Olímpios a Epimeteu, que aceita o presente apesar do aviso de seu irmão Prometeu.
Páris	O filho caçula de Príamo e Hécuba, também chamado Alexandre. Exposto ao nascer, depois reconhecido por seus pais. Rapta Helena, que se torna sua esposa.
Pã	Deus dos pastores e dos rebanhos, filho de Hermes.
Pégaso	Cavalo divino que surge da garganta cortada de Medusa e se lança até o Olimpo. Transporta o raio de Zeus.
Peleu	Rei da Ftia, une-se a Tétis. Pai de Aquiles.
Pélion	Montanha da Tessália onde foram celebradas as bodas de Peleu e Tétis, e onde Quíron fez a educação heroica de Aquiles.

Pélope	Filho de Tântalo, marido de Hipodâmia. Pai de Crisipo, que se suicida para escapar das investidas de Laio. Pélope lança uma maldição contra os Labdácidas.
Peloro	Um dos Semeados.
Penélope	Mulher de Ulisses, mãe de Telêmaco. Apesar da insistência arrogante dos pretendentes, ela espera fielmente a volta do marido.
Penteu	Neto de Cadmo por sua mãe Ágave, e filho de Equíon, um dos Semeados. Opõe-se a Dioniso quando o deus retorna a Tebas.
Peribeia	Mulher de Pólibo, rei de Corinto. Ela e o marido acolhem, como se fosse seu filho, Édipo, que foi abandonado pelos pais.
Perseu	Filho de Zeus e Dânae. Abandonado, junto com a mãe, pelo avô Acrísio, jogado na praia de Serifo. Terá de levar ao rei dessa ilha a cabeça de Medusa.
Pólibo	Rei de Corinto, pseudopai de Édipo.
Polidectes	Rei de Serifo. Apaixonado por Dânae. Manda Perseu lhe trazer a cabeça de Medusa.
Polidoro	Filho de Cadmo e Harmonia. Marido de Nicteida, filha de Ctônio (um dos Semeados) e pai de Lábdaco.
Polifemo	Ciclope, filho de Posêidon. Enganado e cegado por Ulisses, ele se vinga lançando contra o herói uma maldição eficaz.
Polinices	Filho de Édipo, irmão de Etéocles. A rivalidade entre os dois irmãos leva ao enfrentamento e à morte de ambos.

Pólux	Um dos Dióscuros, irmão de Castor. Especialista em lutas. Tendo nascido imortal, resolve dividir com seu irmão a imortalidade.
Ponto	A Onda divinizada gerada por Gaia.
Posêidon	Deus do Olimpo, irmão de Zeus. Recebeu de herança a missão de reinar sobre as ondas marinhas.
Príamo	Rei de Troia, marido de Hécuba. Pai de Heitor.
Proitos	Irmão gêmeo e rival de Acrísio. Reina em Tirinto.
Prometeu	Filho de Jápeto. Benfeitor dos homens, em conflito com Zeus.
Proteu	Deus marinho, dotado do poder de se metamorfosear e do dom da profecia.
Quimera	Misto de cabra, leão e serpente. Sopra chamas. Nascida de Tífon e Equidna.
Quíron	Centauro, muito sensato e bondoso, vive no Pélion. Educador de heróis, em especial de Aquiles.
Radamanto	Filho de Zeus e Europa. Irmão de Minos, soberano de Creta. Devido à sua sabedoria, ele foi encarregado de julgar os mortos no Hades.
Rea	Titã, filha de Urano e Gaia. Irmã e esposa de Crono.
Sátiros	Metade homens, metade animais: o tronco de um homem, o resto de um cavalo ou de um bode. Itifálicos. Fazem parte do séquito de Dioniso.
Sêmele	Filha de Cadmo e Harmonia. Amada por Zeus. Consumida pelo brilho de seu amante divino, quando carrega no ventre Dioniso.
Talo	Guarda de Creta, de corpo metálico.

Tártaro	Mundo subterrâneo, tenebroso, onde ficam trancados os deuses vencidos e os mortos.
Taso	Filho de Agenor e irmão de Cadmo.
Telefassa	Mulher de Agenor, mãe de Cadmo e de seus irmãos, bem como de Europa, a quem procura junto com os filhos.
Telêmaco	Filho de Ulisses e Penélope.
Teseu	Herói da Ática. Sua mãe é Etra, seu pai humano, Egeu, e seu pai divino, Posêidon. Rei de Atenas.
Téstio	Pai de Leda.
Tétis	Uma das Nereidas, esposa de Peleu, mãe de Aquiles.
Tífon	Ou Tifeu. Monstro, filho de Gaia e Tártaro. Tem um conflito com Zeus, que consegue derrotá-lo.
Tíndaro	Pai dos Dióscuros, de Helena e de Clitemnestra.
Tirésias	Adivinho inspirado por Apolo. Confrontado a Édipo, que ele é o único a reconhecer, depois do retorno do herói à sua cidade natal.
Titã	Filho de Urano e Gaia. Deus da primeira geração em luta contra os deuses Olímpios pela soberania do mundo.
Títono	Irmão de Príamo. Éos o ama por sua beleza. Ela o rapta e consegue a imortalidade para ele.
Udeu	Um dos cinco Semeados.
Ulisses	Rei de Ítaca.
Urano	O Céu divinizado gerado por Gaia.
Xanto	Cavalo de Aquiles, imortal e, se necessário, loquaz.
Zéfiro	Vento brando e regular.
Zeto	Filho de Zeus e Antíope. Com seu irmão Anfíon, mata Lico para vingar sua mãe, vítima dos maus-

Zeus	-tratos de Lico e de sua esposa; depois disso, instala-se no trono de Tebas. Olímpio, soberano dos deuses, vence os Titãs e os monstros que ameaçam a ordem cósmica que ele, como soberano, instituiu.

1ª EDIÇÃO [2000] 20 reimpressões

ESTA OBRA FOI COMPOSTA PELA HELVÉTICA EDITORIAL EM MINION
E IMPRESSA PELA GRÁFICA BARTIRA EM OFSETE SOBRE PAPEL PÓLEN DA
SUZANO S.A. PARA A EDITORA SCHWARCZ EM MAIO DE 2024.

A marca FSC® é a garantia de que a madeira utilizada na fabricação do papel deste livro provém de florestas que foram gerenciadas de maneira ambientalmente correta, socialmente justa e economicamente viável, além de outras fontes de origem controlada.